스마트한 생활을 위한 버전2

스마트폰 기초

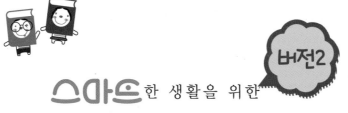

신대인

이 책의 구성

○┄┄┄ ⭐ 들어가기

각 장마다 배우게 될 내용을 설명합니다.

○┄┄┄ ⭐ 미리보기

각 장마다 배우게 되는 예제의 완성된 모습을
미리 확인할 수 있습니다.

○┄┄┄ ⭐ 무엇을 배울까요?

본문에서 어떤 기능들을 배울지 간략하게 살펴
봅니다.

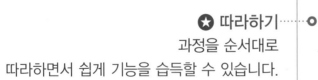

03 손을 떼면 위젯 스타일을 설정할 수 있는 화면이 표시됩니다. 하단에서 **배경색 상 및 투명도와 텍스트 컬러를 설정**한 후 상단의 **◎를 터치**합니다. 하늘색의 크 기 조절점을 드래그하여 위젯의 크기를 조절할 수 있습니다.

04 홈 화면에 고객 센터 위젯이 추가되어 실시간으로 데이터, 음성, 문자 사용량을 볼 수 있습니다. 추가한 위젯을 삭제하기위해 **길게 누르면** 상단에 삭제가 보입 니다. **삭제쪽으로 위젯을 드래그하여 삭제**합니다.

⭐ 따라하기 ┄┄○

과정을 순서대로
따라하면서 쉽게 기능을 습득할 수 있습니다.

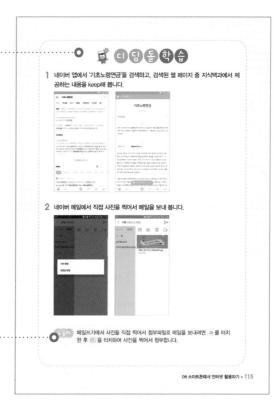

※ 스마트폰의 운영체제와 앱의 버전에 따라 용어 및 실습 과정이 교재와 다를 수 있습니다.

목 차

스마트폰 시작하기

일반 휴대폰과 다르게 터치 스크린 방식의 스마트폰에 대해서 알아보고, 스마트폰을 잘 사용할 수 있는 방법에 대해서도 생각해 봅니다. 화면 상단의 상태 표시줄을 아래로 드래그하여 알림창에 나타난 메시지나 부재중 알림을 읽고, 빠른 설정 목록의 아이콘으로 더 쉽고 빠르게 스마트폰을 활용할 수 있는 방법에 대해서 알아봅니다. 더불어 스마트폰의 한글, 영어, 기호, 이모티콘의 입력 방법에 대해서도 알아보겠습니다.

 무엇을 배울까요?

···› 스마트폰 개념 이해하기
···› 스마트폰 조작 방법
···› 스마트폰 화면 터치 방법

···› 알림 내용 확인하기
···› 빠른 설정 목록 편집하기
···› 스마트폰의 입력 방법 익히기

스마트폰은 말그대로 스마트(Smart : 똑똑한)하다는 점에서 '스마트폰'으로 불려지게 되었습니다. 일반 휴대폰과 다르게 터치 스크린 방식이고, 휴대폰 기능을 넘어서 좀 더 뛰어난 기능을 탑재합니다. 휴대용 PC라고 불릴 정도로 PC처럼 사용할 수 있다는 것이 특징입니다. 언제 어디서나 전화 통화가 가능한 것은 물론 장거리에 있는 사람과 영상통화를 할 수 있고, 무선 인터넷을 통해 정보 검색, 공유 및 SNS를 통해 개인 생활을 누릴 수 있다는 점에서 스마트폰은 인류에게 가장 필요하고 중요한 기기가 되버렸습니다.

다양한 애플리케이션이 개발되어 우리의 생활에 많은 도움을 줍니다. 하지만 PC처럼 사용한다는 측면에서 정보 해킹이라던지 금전적 손해도 얻을 수 있고, 스마트폰 중독으로 건강 악화를 초래할 수도 있다는 부정적인 측면도 있습니다. 적당한 시간 동안 적절히 사용하는 것이 좋습니다.

배움터 모바일 운영체제(안드로이드 vs iOS)

컴퓨터가 작동하기 위해 운영체제(OS, Operation System)가 필요한 것처럼 스마트폰에도 운영체제가 필요합니다. 스마트폰에도 다양한 운영체제가 있지만, 오늘날 널리 쓰이는 운영체제로는 구글의 안드로이드와 애플의 iOS가 있습니다.

안드로이드(Android) [회사/개발자 : 구글]		구글에서 개발한 모바일을 위한 운영체제로 이 운영체제를 채용한 단말기를 안드로이드폰이라고 합니다. Play 스토어에서 안드로이드용 사진, 동영상, 음악 등의 다양한 앱을 다운로드하여 사용할 수 있습니다.
iOS(iPhone OS) [회사/개발자 : 애플]		iOS는 아이폰, 아이팟 터치, 아이패드에 탑재되는 운영체제로, 주로 모바일 기기와 애플 TV 등에 사용됩니다. 대략 1년에 한 번 새로운 버전이 제공되며, 앱스토어에는 140만 개 이상의 iOS 앱과 73만 개 정도의 아이패드 전용 앱이 등록되어 있습니다.

스마트폰 조작

버튼	기능
전원	길게 누르면 전원을 켜거나 끌 수 있고, 짧게 누르면 화면이 켜지거나 잠깁니다.
최근 실행 앱	짧게 터치하면 최근에 실행한 애플리케이션 목록이 나타납니다.
홈	• 화면이 잠긴 상태에서 짧게 누르면 화면이 켜집니다. • 짧게 누르면 홈 화면으로 돌아가고, 길게 누르면 Google 애플리케이션이 실행됩니다.
취소	짧게 터치하면 이전 화면으로 전환되고, 길게 터치하면 현재 화면에서 사용할 수 있는 메뉴가 실행됩니다.
음량	소리 크기를 조절합니다.

화면 터치 방법 익히기

터치

- 사용법 : 손가락으로 화면을 가볍게 누릅니다.
- 기능 : 애플리케이션 열기, 메뉴 선택, 키보드로 문
  자 입력

길게 터치

- 사용법 : 특정 항목이나 화면을 2초 이상 길게 누릅
  니다.
- 기능 : 숨은 기능 실행

드래그

- 사용법 : 길게 누른 채 원하는 위치로 드래그 합니다.
- 기능 : 아이콘이나 이동 가능 항목을 원하는 방향으로 이동

두 번 터치

- 사용법 : 웹 페이지나 사진이 실행된 상태에서 화면을 빠르게 두 번 누릅니다.
- 기능 : 화면 확대/축소

📖 스크롤

- 사용법 : 홈 화면이나 앱스 화면에서 손가락을 좌우로 스크롤하거나 웹 페이지나 연락처와 같은 목록에서 손가락을 위아래로 스크롤합니다.
- 기능 : 다른 페이지로 이동, 화면 목록 위아래로 이동

📖 핑거 줌

- 사용법 : 웹 페이지나 지도, 사진 등에서 화면을 두 손가락으로 누르고 펴거나 오므립니다.
- 기능 : 화면 확대/축소

01 새 메시지나 부재중 전화 등의 알림이 있을 때 상태 아이콘이 나타나 알려 줍니다. 화면 상단의 **상태 표시줄을 아래로 드래그**하여 알림창을 엽니다. 알림창에서 알림 내용을 확인할 수 있습니다. 알림창을 닫으려면 화면을 다시 위로 드래그합니다.

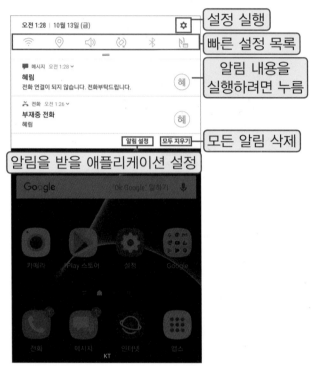

배움터 빠른 설정 목록

빠른 설정 목록에 등록된 아이콘은 터치만으로 활성화 또는 비활성화할 수 있는데 자주 사용하는 기능은 등록해 두는 것이 좋습니다. 예를 들어 등록된 와이파이(📶)가 활성화 되어 있으면 항상 주변의 와이파이를 검색하여 연결됩니다.

아이콘	설명	아이콘	설명
🚫	신호 없음	☎	부재중 전화
📶	서비스 지역의 신호 세기 표기	💬	문자 수신
ᴿ📶	로밍중	⏰	알람 실행 중
3G↕	3G 네트워크에 연결됨	🔇	무음 모드 실행 중
LTE↕	LTE 네트워크에 연결됨	📳	진동 모드 실행 중
📶	Wi-Fi에 연결됨	✈	비행기 탑승 모드 실행 중
✳	블루투스 기능 켜짐	⚠	오류 발생 또는 주의 필요
📍	위치 서비스 사용중	🔋	배터리 충전 중
📞	음성 전화 수신	▮	배터리 양 표시

빠른 설정 목록 편집하기

01 빠른 설정 목록을 편집하기 위해 ══ 를 아래로 드래그합니다. 오른쪽 상단의 ⦂를 터치한 후 [편집]을 터치합니다.

02 빠른 설정 목록 페이지가 여러 개인 경우에는 등록할 수 있는 페이지로 이동합니다. 아래쪽에 추가할 수 있는 아이콘을 드래그하여 빠른 설정 목록 페이지 쪽으로 드래그합니다. 등록된 아이콘을 제거하려면 빠른 설정 목록 페이지 아래쪽으로 드래그합니다. 편집이 끝나면 완료를 터치합니다.

 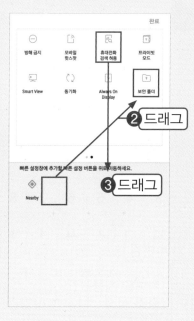 

한글 입력

01 홈 화면의 **Google 검색창을 터치**하면 아래쪽에 키보드가 표시됩니다. 한글 키보드가 나타나면 입력하려는 단어의 **자음과 모음을 차례로 터치**합니다.

배움터 키보드 화면 살펴보기

메시지를 보내거나 검색이나 메모를 작성하는 등의 문자를 입력해야 할 상황에서 자동으로 키보드가 나타납니다.

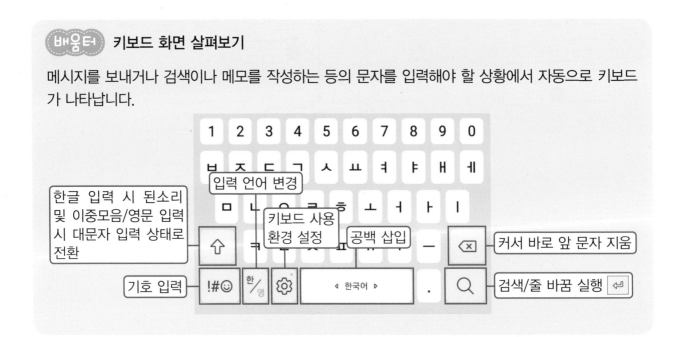

02 한글의 된소리나 이중모음을 입력하려면 키보드에서 ⇧를 **터치**한 후 ㄸ를 **터치**합니다. ㅣ를 **터치**합니다. ⌫를 **터치**하여 글을 지웁니다.

🖱 영어 및 기호 입력

01 키보드에서 한/영을 **터치**한 후 키보드의 **알파벳을 터치하여 입력**합니다. 알파벳 대문자를 입력하려면 ⇧를 터치한 후 알파벳을 입력합니다. 기호를 입력하기 위해 !#☺를 **터치**합니다. ⌫를 **터치**하면 글이 지워집니다.

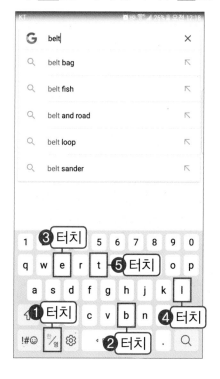
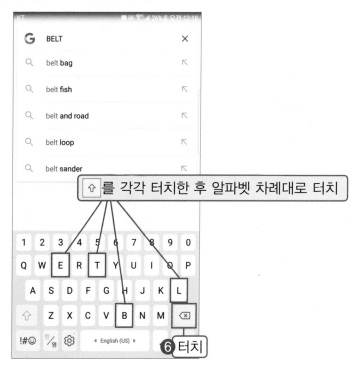

02 키보드에서 **기호를 터치하여 입력**하고, 원하는 기호가 없을 경우에는 1/2 를 터치하여 다음 페이지에서 원하는 **기호를 터치하여 입력**합니다. 이모티콘을 입력하려면 ☺ 를 터치합니다.

03 **이모티콘을 입력**하고 다시 키보드로 되돌아오려면 ⌨ 를 터치합니다.

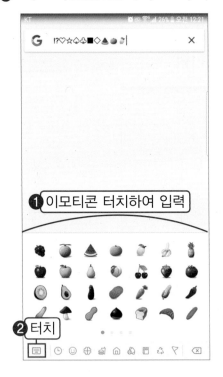

배움터 키보드 형식 변경하기

01 스마트폰의 키보드에서 ⚙ 를 터치한 후 [언어 및 키보드 형식]을 터치합니다.

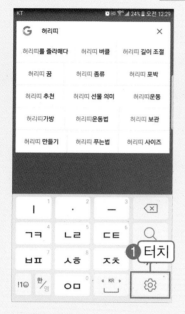 

02 [한국어]를 터치하면 한국어 키보드 형식이 나타납니다. 원하는 형식을 터치하면 키보드가 변경됩니다.

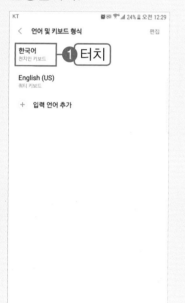 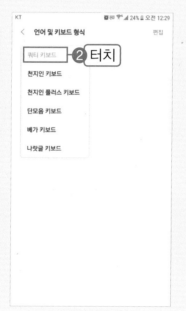 

디딤돌학습

1 스마트폰의 화면을 세로로만 볼 수 있게 빠른 설정 목록에서 설정해 봅니다.

2 구글 검색창에서 '낄끼빠빠♡'라는 신조어를 검색해 봅니다.

스마트폰 홈 화면의 배경 이미지, 테마, 아이콘 디자인을 변경할 수 있고, 홈 화면에 자주쓰는 앱의 위젯을 설치할 수 있습니다. 스마트폰을 사용자가 사용하기 편리하게 설정을 변경하는 방법에 대해서도 알아보겠습니다.

 무엇을 배울까요?

- ⋯ 배경화면/테마/아이콘 다운로드 하여 설치하기
- ⋯ 홈 화면에 위젯 설치하기
- ⋯ 홈 화면에 아이콘 추가/삭제하기
- ⋯ 홈 화면에 폴더 만들기
- ⋯ 홈 화면의 페이지 추가하기

- ⋯ 앱스 화면 편집하기
- ⋯ 소리 및 진동 설정 변경하기
- ⋯ 벨 소리 설정하기
- ⋯ 디스플레이에 밝기 자동 조절하기
- ⋯ 화면 자동 꺼짐 시간 설정하기
- ⋯ Wi-Fi 연결하고 설정하기

01 홈 화면은 제품의 모든 애플리케이션 및 기능을 실행할 수 있는 시작 화면으로 애플리케이션, 위젯, 폴더 등이 있습니다. 배경 이미지를 변경하기 위해 **홈 화면의 빈 곳을 길게 누릅니다.**

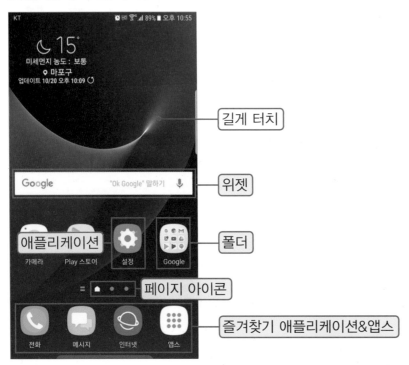

배움터 홈 화면에서 [설정(⚙)] 앱을 터치하여 [배경화면 및 테마]를 터치하면 SAMSUNG THEMES에서 배경 이미지를 변경할 수 있습니다.

02 아래쪽의 **[배경화면 및 테마]를 터치**합니다. SAMSUNG THEMES에서 유료 또는 무료로 제공하는 배경화면 및 테마를 선택하여 내 스마트폰에 적용할 수도 있고, 기본으로 제공하는 나의 배경화면에서 선택할 수도 있습니다. '**나의 배경화면**'의 [모두 보기]를 선택합니다.

03 갤러리에 저장된 사진을 배경화면으로 선택할 수 있고, 기본으로 제공되는 배경화면을 선택할 수도 있습니다. 배경화면 중 **[기본3]**을 **선택**하고 배경화면으로 설정에서 **[홈 화면 및 잠금화면]**을 **선택**합니다.

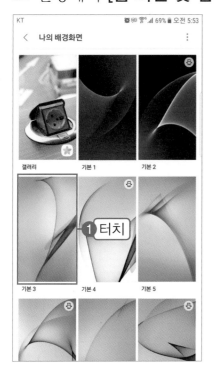
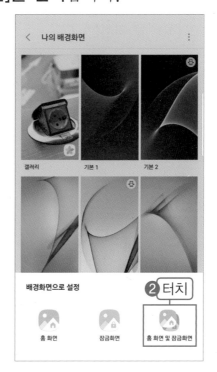

04 **[배경화면으로 설정]** 단추를 **터치**한 후 잠금화면과 홈 화면을 확인하면 모두 새로운 배경화면으로 바뀐 것을 알 수 있습니다.

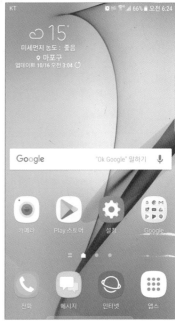

01 SAMSUNG THEMES에서는 배경 이미지뿐만 아니라 테마나 아이콘 이미지도 무료 또는 유료로 제공합니다. 아래쪽에서 [테마]를 선택한 후 무료 테마 중 하나를 선택합니다. [다운로드]를 터치하여 설치하고, [적용]을 터치합니다.

02 콘텐츠 적용 창에 [적용]을 터치하면 홈 화면은 물론 아이콘까지 같은 테마로 적용된 것을 확인할 수 있습니다. 다시 기본 테마로 변경하려면 SAMSUNG THEMES의 '나의 테마'의 [모두 보기]를 터치하고 [기본]을 적용합니다.

03 SAMSUNG THEMES의 아래쪽에서 [아이콘]을 선택한 후 테마와 같은 방법으로 무료 또는 유료 아이콘을 다운로드하여 변경할 수 있습니다.

위젯

01 홈 화면에 위젯을 추가하기 위해 **빈 공간을 길게 누른 후 [위젯]을 터치**합니다. **추가할 위젯을 터치**합니다.

> **배움터** **위젯(Widget)**
>
> 사용자가 홈 화면상에 곧바로 사용할 수 있도록 자주 사용하는 기능만을 모아 놓은 도구모음입니다.

02 추가할 위젯의 모양과 배열을 확인하고 **길게 누르면** 홈 화면이 나타나는데, 원하는 곳에 **위치시키고 손을 뗍니다.**

03 손을 떼면 위젯 스타일을 설정할 수 있는 화면이 표시됩니다. 하단에서 **배경색 상 및 투명도와 텍스트 컬러를 설정**한 후 상단의 ⊘를 **터치**합니다. 하늘색의 크기 조절점을 드래그하여 위젯의 크기를 조절할 수 있습니다.

04 홈 화면에 고객센터 위젯이 추가되어 실시간으로 데이터, 음성, 문자 사용량을 볼 수 있습니다. 추가한 위젯을 삭제하기 위해 **길게 누르면** 상단에 삭제가 보입니다. **삭제쪽으로 위젯을 드래그하여 삭제**합니다.

🖱️ 홈 화면에 아이콘 추가/이동하기

01 앱스 안에 있는 앱을 홈 화면에 추가하기 위해 **[앱스]를 터치**합니다. 추가하려는
앱을 길게 누른 채 홈 화면의 원하는 위치로 드래그합니다.

02 홈 화면에서도 이동할 **아이콘을 길게 누른 채 원하는 위치로 드래그**합니다.

아이콘 삭제하기

삭제할 아이콘을 길게 누른 채 화면 상단의 [바로가기 삭제]로 이동
시키면 홈 화면에서 삭제할 수 있습니다. 아이콘을 길게 눌렀을 때
나타난 빠른 옵션에서 [설치 삭제]를 선택하면 스마트폰에서 앱을
아예 삭제할 수 있습니다.

폴더 추가하기

01 앱을 길게 눌러서 다른 앱 위로 드래그합니다. 앱에 사각형 모양의 **박스가 나타**
나면 손가락을 뗍니다. 폴더 이름 부분을 터치한 후 폴더 **이름을 입력**합니다.

 폴더를 추가해 유사한 앱끼리 분류해 두면 원하는 앱을 더 빨리 찾아 실행할 수 있어
서 좋습니다.

02 폴더가 추가되었고, 폴더 안에 앱이 들어있습니다. 다시 **폴더를 선택**한 후 아래쪽의 **[+추가]**를 **터치**합니다.

03 추가하고 싶은 **앱을 선택하여 체크**한 후 **[추가]**를 **터치**합니다. 폴더 안에 앱이 추가되었습니다.

> 배움터 폴더 안의 앱을 다시 홈 화면으로 이동하려면 이동할 아이콘을 길게 누른 채 홈 화면의 원하는 위치로 드래그하면 이동합니다.

🖱 홈 화면 페이지 추가하기

01 홈 화면의 **빈 곳을 길게 누릅니다.** 페이지를 추가하기 위해 **화면을 우측으로 드래그**해 맨 오른쪽으로 이동한 후 **+를 터치**합니다.

02 페이지가 추가되었습니다. 페이지를 이동하려면 이동할 페이지를 길게 누른 채 원하는 방향으로 드래그하고, 페이지를 삭제하려면 **상단의 삭제로 드래그**합니다. 페이지 중 메인 홈 화면을 변경하려면 원하는 페이지의 🏠를 눌러서 변경합니다.

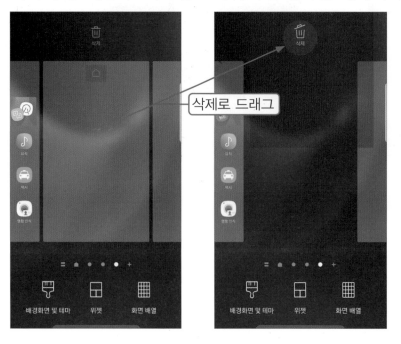

앱스 화면 편집하기

아이콘 이동하기

01 홈 화면에서 **[앱스]**를 터치하면 앱스 화면이 나타납니다. **⋮**를 눌러서 **[편집]**을 터치합니다.

> **배움터** 앱스 화면은 기본으로 설치된 앱과 새로 설치한 모든 앱을 실행할 수 있는 화면입니다.

02 다른 페이지로 위치를 이동하려면 **아이콘을 길게 누른 채** 화면의 **오른쪽 또는 왼쪽으로 드래그**하여 다른 페이지로 이동시킵니다.

> **배움터** 앱스 화면에서 앱의 아이콘을 길게 터치하면 홈 화면으로 이동되기 때문에 **⋮**를 눌러서 [편집]을 터치한 후 이동해야 합니다.

🖱 폴더 삭제하기

01 앱스 화면의 오른쪽 상단의 **⋮**를 눌러서 [편집]을 **터치**하면 폴더나 앱의 아이콘에 ⊖가 표시됩니다. 제거를 원하는 폴더의 ⊖를 **터치**합니다. 폴더는 삭제되고 폴더 에 포함된 앱은 계속 사용할 수 있다는 창에 [삭제]를 **터치**합니다.

> **배움터** 삭제할 앱의 아이콘 ⊖를 터치하면 이 앱을 제거하겠냐는 창이 나타나는데, [삭제]를 터 치하면 바로가기 아이콘이 삭제되는 것이 아니라 스마트폰에 설치된 앱이 제거됩니다.

02 앱스 화면의 마지막 페이지에 폴더에 포함되었던 앱이 표시됩니다. 폴더만 삭제 되고 앱은 계속 사용할 수 있습니다. [완료]를 **터치**합니다.

아이콘 검색

앱스 화면의 '앱을 검색하세요'에 앱 이름을 입력하면 자동으로 검색이 이루어집니다. 검색 결과로 나온 앱은 터치하여 사용할 수 있습니다.

아이콘 정렬

⋮를 눌러서 [정렬]을 선택한 후 정렬 창에서 '가나다 순'을 선택하면 앱이 가나다순으로 정렬됩니다.

소리 및 진동 설정하기

01 홈 화면에서 [설정(⚙)] 앱을 터치한 후 [소리 및 진동]을 터치합니다. [소리 모드]를 터치하면 소리, 진동, 무음 중 선택할 수 있는데, [소리]로 설정합니다.

> **배움터** [잠금화면 및 보안]에서는 잠금 화면을 해제하는 방법을 설정할 수 있습니다. 기본 설정으로는 '드래그'가 설정되어 있는데, 보안 기능이 없어서 패턴, PIN, 비밀번호, 지문, 홍채 중 선택하고 스마트폰에서 제시하는 절차를 따라 설정하면 보안 기능을 높일 수 있습니다. 스마트폰 브랜드나 버전에 따라 잠금 화면 해제 방법이 다르기 때문에 제품에서 제시하는 방법에 따라서 설정합니다.

02 [음량]을 터치하면 벨소리, 미디어, 알림, 시스템, 통화 중 전화알림음의 각각의 **슬라이드 바를 드래그**하여 음량을 조절할 수 있습니다. < 를 터치하여 이전 화면으로 이동합니다.

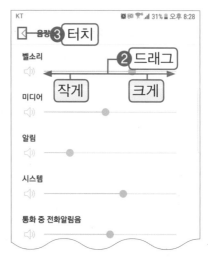

03 [벨소리]를 **터치**한 후 기본으로 제공하는 **벨소리 중 하나를 선택**합니다. ☒를 터치하여 이전 화면으로 이동합니다. 벨소리 창에서 **[하이라이트 재생]을 선택**한 후 **[확인]을 터치**합니다. 벨소리가 처음부터 들리는 것이 아니라 곡의 특정 하이라이트부분만 재생됩니다.

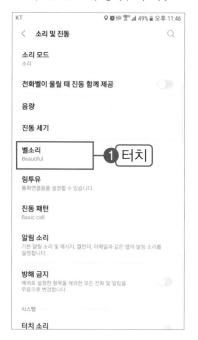 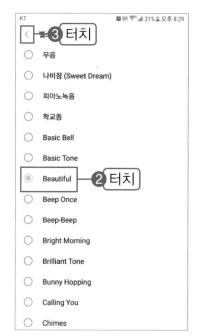 

04 [진동 세기]를 **터치**하여 수신전화, 알림, 진동 피드백의 **진동 세기를 설정**합니다. 다시 ☒를 **터치**하여 [진동 패턴]을 **터치**하고 **마음에 드는 패턴으로 설정**합니다.

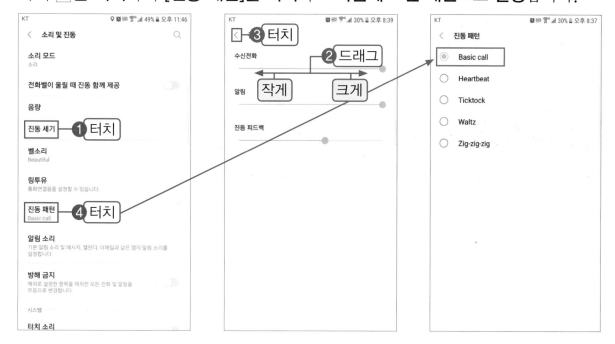

🖱 디스플레이 설정하기

01 홈 화면에서 [설정(⚙)] 앱을 터치한 후 [디스플레이]를 터치합니다. [밝기 자동 조절]을 터치하여 주변 밝기에 따라 화면 밝기를 자동으로 조절하도록 활성화합니다.

02 디스플레이 설정 화면을 **아래쪽으로 스크롤**합니다. [상태표시줄]을 터치하고 [최근 알림만 표시]를 터치하여 활성화하면 최근 알림 3개만 표시됩니다. 배터리 용량을 표시하기 위해 [배터리 용량 표시]도 활성화시킵니다. 이전 화면으로 이동한 후 [화면 자동 꺼짐 시간]을 터치하여 시간을 설정합니다.

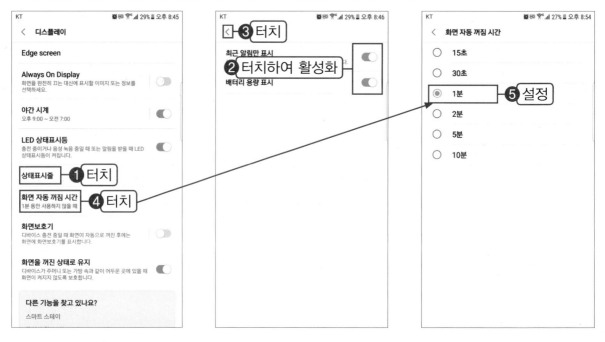

🏷 **배움터** 안드로이드 버전에 따라 [상태표시줄]이 [알림]에 있을 수도 있습니다.

무선 인터넷 와이파이 연결하기

01 홈 화면에서 [설정(⚙)] 앱을 터치한 후 [연결]을 터치합니다. 와이파이를 연결하기 위해 [Wi-Fi]를 터치합니다. [사용 안 함]을 터치하면 사용 중으로 활성화되면서 주변 와이파이 네트워크 목록이 나타납니다. 연결할 **와이파이 네트워크를 터치**합니다.

 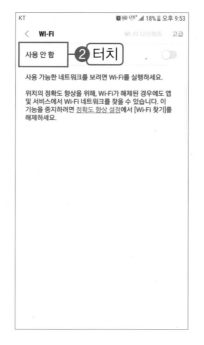 

02 선택한 와이파이 네트워크가 보안 설정이 되지 않은 경우에는 바로 연결됩니다. 보안 설정되어 있는 경우에는 **비밀번호를 입력**하고 [**자동으로 다시 연결**]에 체크한 후 [**연결**]을 **터치**합니다. 선택한 와이파이 네트워트 아래에 '연결됨'으로 표시되고, 상태표시줄에 와이파이 아이콘(📶)이 표시됩니다.

배움터 Wi-Fi(Wireless Fidelity)는 무선 접속 장치가 설치된 곳에서 전파나 적외선 전송 방식을 이용하여 일정 거리 안에서 무선 인터넷을 할 수 있는 근거리 통신망을 말합니다.

디딤돌학습

1 [Play 스토어(▶)] 앱과 [설정(⚙)] 앱을 하나의 폴더 안에 넣고, 폴더 이름을 '설정'이라고 해 봅니다.

2 스마트폰 브랜드에서 무료로 제공하는 아이콘을 다운로드하여 앱의 아이콘 모양을 변경해 봅니다.

03 통화하기와 연락처 관리하기

키패드로 입력하여 전화를 걸고, 최근기록에서 전화하는 방법과 영상 통화를 하는 방법까지 여러 가지의 전화하는 방법에 대해서 알아보겠습니다. 스마트폰의 연락처에 새로운 연락처를 추가하고, 즐겨찾기에 등록하는 방법과 단축번호로 한 번의 터치로 전화하는 방법까지 알아보겠습니다.

 무엇을 배울까요?

- ⋯▶ 키패드로 전화하기
- ⋯▶ 전화받는 방법
- ⋯▶ 최근기록에서 전화하기
- ⋯▶ 연락처 등록하기

- ⋯▶ 연락처 즐겨찾기에 등록하기
- ⋯▶ 단축번호로 연락처 지정하기
- ⋯▶ 연락처 수정하기
- ⋯▶ 연락처 삭제하기

전화거는 방법

01 전화를 걸기 위해 [**전화(📞**)] 앱을 **터치**합니다. 전화번호를 입력하기 위해 [**키패드(▦**)]를 **터치**합니다.

02 번호를 입력한 후 📞를 **터치**하여 전화를 겁니다. 전화를 끊으려면 📞를 **터치**합니다.

03 [**최근기록**] **탭을 터치**하면 최근까지 사용한 전화번호 목록을 확인할 수 있습니다. 목록 중에서 연락할 **번호를 터치**한 후 [**통화**]를 **터치**하여 전화를 겁니다.

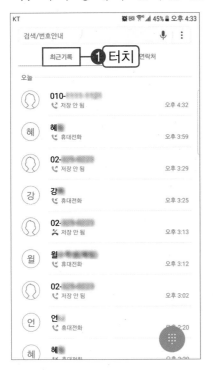 

04 전화를 끊고 [**연락처**] **탭을 터치**합니다. 연락처 중에서 연락할 사람의 **전화번호를 터치**하고 [**통화**]를 **터치**하여 전화를 겁니다. 상단의 검색란에서 저장된 이름을 검색하여 전화를 걸 수도 있습니다.

 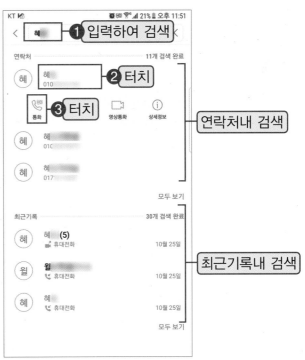

05 영상통화를 하기 위해서는 **키패드로 이동**합니다. **전화번호를 입력**한 후 ▢를 **터치**합니다. 상대방이 전화를 받으면 상대방의 영상과 나의 영상이 나타납니다. 전화를 끊으려면 **화면을 한 번 터치한 후** 하단의 ☎를 **터치**합니다.

전화받는 방법

01 전화를 받으려면 📞를 **오른쪽으로 드래그**하여 받고, 수신을 거부하려면 ☎를 **왼쪽으로 드래그**하여 받지 않습니다.

02 상단 오른쪽의 ⋮를 **터치**하고 **[메시지 보내기]를 터치**하면 통화 중 메시지를 보낼 수 있습니다. 통화가 완료되고 전화를 끊으려면 하단의 ☎를 **터치**합니다.

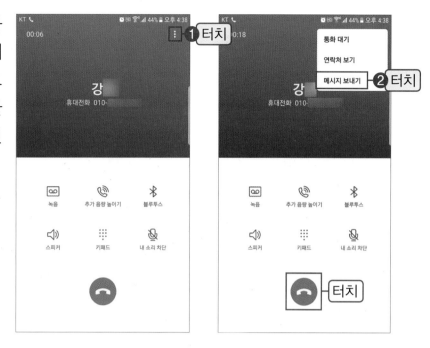

배움터 통화 중 기능

• 녹음(▣) : 통화 내용을 녹음
• 추가 음량 높이기(📞) : 수화 음량을 높임
• 블루투스(✴) : 블루투스 헤드셋이 연결되어 있는 경우 블루투스 헤드셋으로 통화하도록 전환
• 스피커(◁) : 전화기와 한 뼘 정도 떨어진 상태에서 통화
• 키패드(⠿) : 키패드 표시
• 내 소리 차단(🎤) : 상대방이 내 소리를 들을 수 없도록 설정

03 전화를 받을 수 없는 상황에 상대방에게 수신 거절 메시지를 보내려면 하단의 메시지 **보내기를 드래그**합니다. [문자로 거절]에서 **메시지를 선택**하거나 [스티커로 거절] 중 **상황에 맞는 스티커를 선택**하여 거절 메시지를 보냅니다.

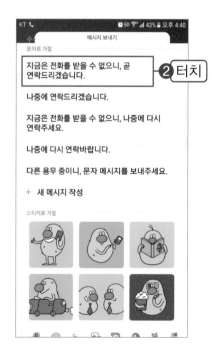

01 통화 기록을 삭제하기 위해 [전화(📞)] 앱을 터치한 후 [최근기록]을 터치합니다. 상단 오른쪽의 ⋮를 터치하고 [삭제]를 터치합니다. 최근통화 기록 중 **삭제할 전화번호를 선택**하고 [삭제]를 터치합니다.

배움터 최근기록을 모두 삭제하려면 '전체'를 선택하고 [삭제]를 터치하여 삭제합니다.

02 선택한 통화기록이 삭제되었는지 확인한 후 ⋮를 **터치**하고 [설정]을 **터치**합니다. [번호 차단]을 **터치**합니다.

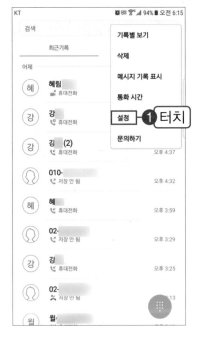
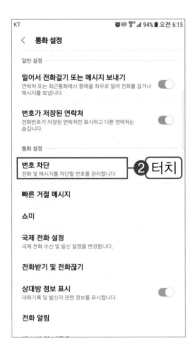

03 전화번호 추가에 **전화번호를 입력**한 후 ⊞를 **터치**하여 추가합니다.

04 차단 번호가 목록에 추가되었습니다. 발신번호 표시제한 전화 차단을 활성화하면 발신번호 표시제한 전화를 자동으로 차단할 수 있습니다. 번호 차단을 해제 하려 면 ⊟를 **터치**합니다.

01 홈 화면에서 [**연락처(📷)**] **앱을 터치**한 후 새로운 연락처를 추가하기 위해 ➕를 **터치**합니다.

02 연락처의 계정을 설정하기 위해 상단의 ▼를 **터치**하고 **Google 계정을 선택**합니다.

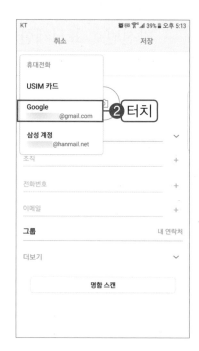

> **배움터** 계정을 설정해서 연락처를 등록하면 새 스마트폰으로 변경할 때도 계정 동기화만으로 연락처를 쉽게 옮길 수 있습니다. 안드로이드 폰의 경우 구글 계정으로 로그인하고 사용할 수 있으므로, 로그인한 구글 계정이 표시됩니다. 새로 계정을 추가하려면 [설정 (⚙)] 앱을 터치하여 [클라우드 및 계정]–[계정]–[계정 추가]를 차례로 터치하고, 추가할 계정을 선택하여 새 계정을 만들면 새 계정도 연락처의 계정에 표시됩니다.

03 저장할 상대방의 **이름, 전화번호, 이메일을 차례로 입력**합니다. 더보기의 ∨를 터치하여 **주소도 추가로 입력**한 후 **[저장]을 터치**합니다.

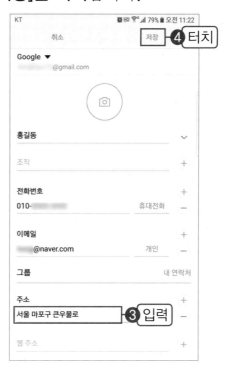

04 새로운 연락처가 저장된 것을 확인할 수 있습니다. ☆를 **터치**하여 즐겨찾기에 등록한 후 상단 왼쪽의 〈를 **터치**하여 이전 연락처로 되돌아가면 즐겨찾기에 등록된 연락처를 확인할 수 있습니다.

🖱 통화한 연락처 등록하기

01 최근기록 중 통화한 연락처를 등록하기 위해 [전화(📞)] 앱의 [**최근기록**] 탭을 터치하여 등록할 연락처의 **사진 부분(🙂)을 터치**합니다. [**새 연락처 추가**]를 터치합니다.

02 추가할 **이름을 입력**하고 [**저장**]을 **터치**합니다. 통화했던 연락처가 등록된 것을 확인할 수 있습니다. 최근기록에도 저장한 연락처의 이름으로 바뀐 것을 확인할 수 있습니다.

단축번호 등록하기

01 [전화(📞)] 앱을 터치한 후 [키패드(⌗)]를 터치합니다. 상단 오른쪽의 ⋮를 터치하고 [단축번호]를 터치합니다. 연락처 지정의 ▼를 터치하여 번호를 설정한 후 이름이나 번호를 입력하여 등록된 사람을 선택합니다.

02 단축번호가 지정된 연락처를 확인할 수 있습니다. 연락처 지정 번호를 설정한 후 👤를 터치하여 연락처에서 등록할 연락처를 선택하면 새롭게 단축번호로 지정됩니다. 키패드에서 단축번호로 전화를 걸 때는 해당 단축번호를 길게 누릅니다.

01 홈 화면에서 [연락처(👤)] 앱을 터치한 후 수정할 연락처의 **사진 부분(👤)**을 터치합니다. 선택한 연락처의 상단의 [편집]을 터치합니다.

02 추가할 전화번호가 있는 경우 ⊞를 터치하여 **전화번호를 입력**하고 [저장]을 터치합니다. 연락처가 수정된 것을 확인할 수 있습니다. 〈**를 터치**하여 연락처 목록으로 이동합니다.

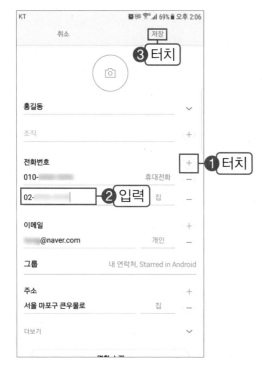

03 연락처 화면에서 상단 오른쪽의 ⋮을 터치한 후 [삭제]를 터치합니다. **연락처를 선택하고 [삭제]를 터치**합니다.

04 즐겨찾기 목록에서 삭제하려면 [목록에서 삭제]를 터치합니다. 연락처를 영구적으로 삭제하려면 **[연락처 삭제]를 터치**합니다. 목록에서 연락처가 삭제된 것을 확인할 수 있습니다.

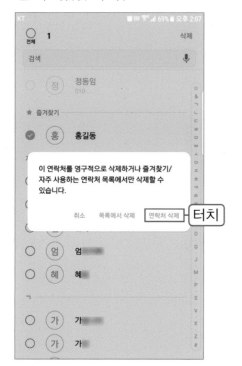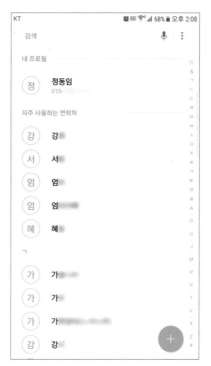

디딤돌학습

1 수신전화를 거절하는 방법으로 영화보는 중이라는 스티커를 전송해 봅니다. (단, 스티커가 제공되지 않는 경우에는 '나중에 연락드리겠습니다.' 메시지로 전송해 봅니다)

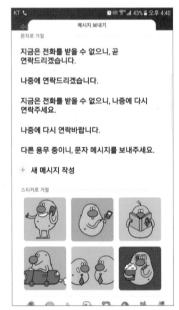

2 연락처에 휴대전화 번호를 '디딤돌'로 저장하고, 단축번호 '9'로 지정해 봅니다.

04 메시지로 연락하기

스마트폰에서는 한 사람과 메시지를 주고받을 수 있고, 여러 사람과도 메시지를 주고받을 수 있습니다. 메시지를 보낼 때는 문자로 주고받기도 하고, 첨부 파일로 이미지는 물론 위치 정보까지 첨부하여 보낼 수 있습니다. 메시지를 정리하는 방법과 빠르게 답장을 보낼 수 있는 방법, 하루에도 수십통씩 오는 광고 메시지를 차단하는 방법까지 알아보겠습니다.

 무엇을 배울까요?

- ⋯⋅ 새 메시지 보내기
- ⋯⋅ 여러 사람에게 메시지 한 번에 보내기
- ⋯⋅ 첨부 파일을 첨부하여 메시지 보내기

- ⋯⋅ 메시지 삭제하기
- ⋯⋅ 빠른 답장 문구로 답장 보내기
- ⋯⋅ 특정 전화번호 메시지 차단하기
- ⋯⋅ 특정 문구 메시지 차단하기

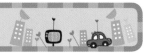
01 홈 화면에서 [메시지(💬)] 앱을 **터치**한 후 새 메시지를 작성하기 위해 ✏를 **터치**합니다.

02 수신인 선택 화면에서 '**연락처 검색 또는 번호 입력**'에 이름을 **입력**하면 등록된 연락처가 검색됩니다. **연락처를 선택**하고 [작성] 단추를 **터치**합니다. 보낼 메시지를 **작성**한 후 [보내기] 단추를 **터치**합니다.

02 파일 첨부하여 전송하기

01 [메시지(□)] 앱에서 ◎를 터치합니다. 여러 사람에게 새 메시지를 작성하기 위해 **연락처를 여러 개 선택**한 후 [작성]을 터치합니다. 이미지를 첨부하기 위해 ◎를 터치한 후 [이미지]를 터치합니다.

배움터 안드로이드 버전에 따라 [이미지]를 선택하는 방법이 다를 수도 있습니다.

02 첨부할 사진이 있는 앨범에서 **사진을 선택**한 후 [완료]를 터치합니다. 메시지 **내용을 입력**하고, [보내기] 단추를 터치하여 여러 사람에게 사진을 첨부하여 보냅니다.

배움터 수신인을 최대 25명까지 선택하여 같은 메시지를 동시에 보낼 수 있습니다. 또한 이미지는 최대 10개까지 첨부할 수 있습니다.

03 계속해서 위치 정보도 보내기 위해 📎를 터치한 후 [위치]를 터치합니다. 검색에 '연트럴파크'라고 입력한 후 🔍를 터치하고 [완료]를 터치합니다.

04 메시지를 입력하고, [보내기] 단추를 터치하면 여러 사람에게 위치 정보를 첨부한 메시지를 전송합니다.

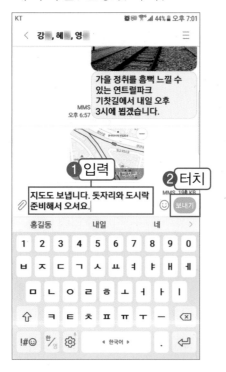

01 새로 문자 메시지를 받으면 읽지 않은 메시지가 숫자로 표시됩니다. 받은 메시지를 읽기 위해 **[메시지(▣)] 앱을 터치**합니다. **새로 받은 메시지를 터치**합니다.

02 받은 메시지를 확인한 후 **답장을 입력**합니다. ☺**를 터치**하여 **이모티콘도 입력**한 후 **[보내기] 단추를 터치**합니다. 메시지를 상대방과 주고받을 수 있습니다. 상단 왼쪽의 〈**를 터치**하여 이전 화면으로 이동합니다.

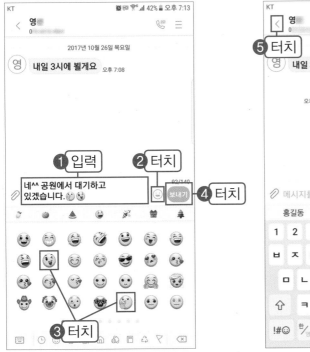

03 받은 메시지 목록에서 ⋮를 **터치**하여 **[편집]을 터치**합니다. 삭제하고 싶은 **상대방을 선택**한 후 **[삭제]를 터치**하면 지금까지 그 사람과의 대화가 모두 삭제됩니다.

04 상대방과 대화 중 삭제하고 싶은 부분만 선택적으로 삭제하려면 **받은 메시지 목록에서 상대방을 선택**합니다. 메시지 창에서 ☰를 **터치**한 후 **[삭제(🗑)]를 터치**하고 **원하는 메시지만 선택**한 후 **[삭제]를 터치**합니다.

 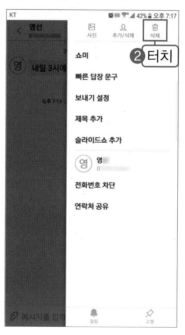 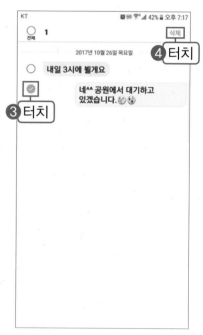

> **배움터** 메시지를 삭제해도 이미 전송한 메시지는 삭제되지 않습니다. 상대방은 보낸 메시지를 읽을 수 있고, 메시지를 작성한 본인의 메시지 창에서만 삭제됩니다.

빠른 답장 문구 편집하기

01 받은 메시지 목록에서 ⋮를 **터치**한 후 **[설정]을 터치**합니다. 메시지 설정에서 **[빠른 답장 문구]를 터치**합니다.

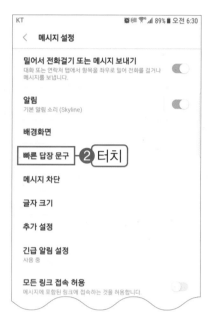

배움터 안드로이드 버전에 따라 [빠른 답장 문구]가 [설정]–[추가 설정]에 있을 수도 있습니다.

02 빠른 답장 문구에 기본적으로 저장되어 있는 문구가 있습니다. 사용자가 자주 사용하는 **문구를 입력**하고 ⊞를 **터치**합니다. 빠른 답장 문구를 모두 추가하였으면 받은 메시지 목록으로 되돌아간 후 **답장을 보낼 상대방을 터치**합니다.

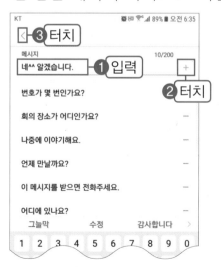

배움터 빠른 답장 문구를 저장해 두면 이동 중이거나 메시지를 빠르게 작성하기 어려울 때 쉽게 답장을 보낼 수 있습니다.

03 메시지 창에서 ☰를 터치한 후 [빠른 답장 문구]를 터치합니다.

> **배움터** 안드로이드 버전에 따라 [빠른 문장 답구] 삽입 방법이 다를 수도 있습니다.

04 빠른 답장 문구 창에서 **답장할 문구를 선택**한 후 [보내기] 단추를 터치합니다. 빠르게 답장할 수 있어서 편리합니다.

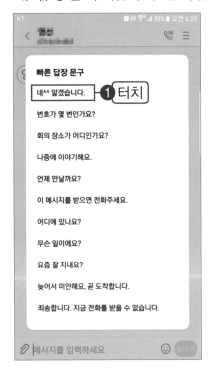 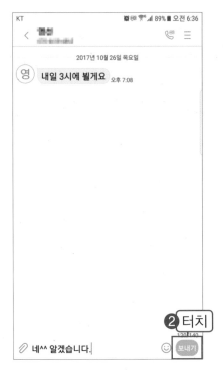

메시지 차단하기

01 받은 메시지 목록에서 ⋮를 터치한 후 **[설정]**을 터치합니다. 메시지 설정에서 **[메시지 차단]**을 터치합니다.

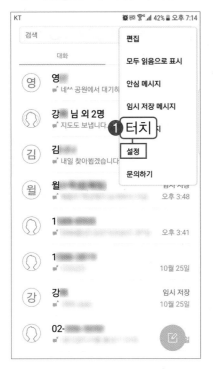

> **배움터** 메시지 차단 기능을 통해 특정 번호를 차단하거나 특정 문구를 포함한 메시지를 차단할 수 있습니다.

02 **[번호 차단]**을 터치한 후 '전화번호'에 바로 차단할 전화번호를 입력할 수 있습니다. **[받은 메시함]** 단추를 터치합니다.

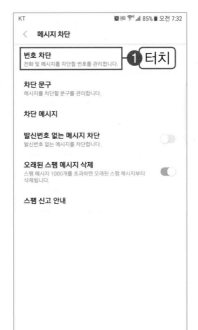

03 받은 메시함에서 **차단할 메시지를 선택**합니다. 선택한 메시지의 전화번호가 번호 차단의 '전화번호'에 나타나면 🔲를 **터치**합니다. 알림 창에서 차단 번호를 확인한 후 **[확인]을 터치**하면 차단 목록에 전화번호가 추가됩니다. 〈**를 터치**하여 이전 화면으로 이동합니다.

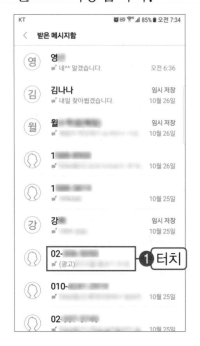
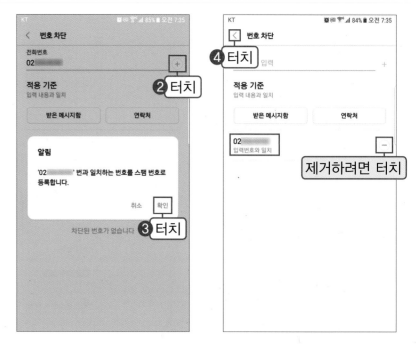

04 메시지 차단 화면에서 **[차단 문구]를 터치**하고 '**문구**'에 '**광고**'라고 **입력**한 후 🔲를 **터치**합니다.

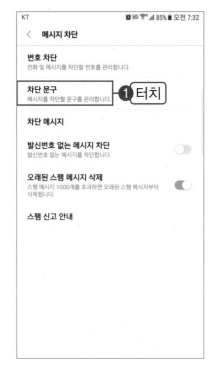

05 알림 창에서 차단 문구를 확인한 후 **[확인]을 터치**합니다. 차단 문구 목록에 '광고' 가 추가되었으면 **〈를 터치**하여 이전 화면으로 이동합니다.

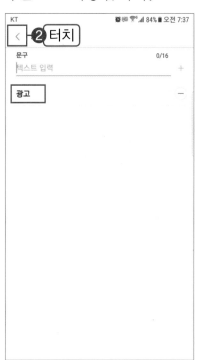

06 메시지 차단 화면에서 **[차단 메시지]를 터치**합니다. 자동으로 차단된 차단 메시지 를 확인할 수 있습니다.

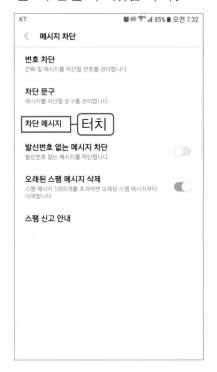

1 내 친구에게 연락처에 등록된 전화번호를 '연락처 파일'로 첨부하여 다음처럼 메시지를 보내 봅니다.

2 차단 문구로 'Web'을 등록하여 Web을 포함하는 메시지를 차단해 봅니다.

05 스마트폰으로 사진 및 동영상 촬영하기

요즘에는 스마트폰의 카메라 기능이 날로 좋아지고 있어서 디지털 카메라를 따로 들고 다니지 않아도 됩니다. 스마트폰의 카메라로 촬영 환경에 알맞은 모드로 촬영할 수 있고, 디지털 카메라처럼 다양한 필터를 사용할 수 있어서 고품질의 사진을 얻을 수 있습니다. 사진 촬영 뿐만 아니라 고해상도의 동영상을 바로 찍을 수 있어서 편리합니다. 사진과 동영상을 찍는 방법에 대해서 알아보겠습니다.

 무엇을 배울까요?

- ⋯ 카메라 앱 실행 방법 익히기
- ⋯ 카메라로 사진 찍는 다양한 방법
- ⋯ 카메라의 촬영 모드와 필터
- ⋯ 동영상 촬영하는 방법

- ⋯ 화면 캡처하는 방법
- ⋯ 갤러리 앱에서 사진 보기
- ⋯ 갤러리 앱에서 동영상 보기

01 잠금화면에서 ◉를 눌러 나타나는 큰 원 밖으로 **드래그**합니다. 카메라가 실행되면 위치 태그 창에서 **[확인]**을 **터치**합니다. 위치 태그를 실행하면 촬영한 사진 및 동영상에 위치 정보가 함께 저장됩니다.

02 스마트폰을 가로로 돌린 후 카메라 화면을 살펴봅니다.

HDR(High Dynamic Range)란?

사진이나 동영상을 촬영할 때 HDR 모드를 켜면 너무 어둡거나 밝은 부분을 자동으로 보정해 줍니다. HDR 자동 모드로 설정해 두는 것이 좋습니다.

사진 촬영 방법

01 촬영하기 위해 [카메라(●)] 앱의 촬영 단추를 터치합니다. [미리 보기 섬네일]을 터치합니다.

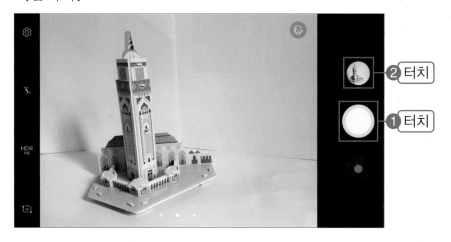

02 촬영된 사진을 확인한 후 상단 왼쪽의 〈를 **터치**하여 촬영 모드로 다시 이동합니다.

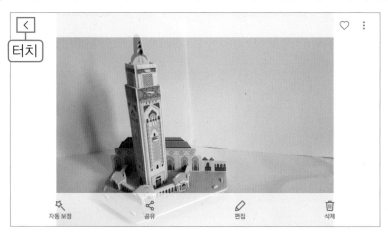

03 고속 연속 촬영을 하기 위해 **촬영 단추를 길게 누르면** [미리 보기 섬네일] 옆에 촬영되는 컷 수가 표시되며 연속 촬영됩니다. [미리 보기 섬네일]을 **터치**합니다.

04 여러 장의 사진이 순식간에 촬영되었습니다. **화면을 터치**합니다.

05 아래쪽에 촬영컷을 확인할 수 있고 가장 잘 나온 **사진을 선택**한 후 **[새 파일로 저장]을 터치**하여 저장합니다. 상단 왼쪽의 **〈를 터치**하여 촬영 모드로 다시 이동합니다.

06 스마트폰을 세로로 돌린 후
화면 상단 왼쪽의 [전/후면
카메라 전환(📷)]을 터치하
여 셀카 모드로 변경합니
다. **촬영 단추를 터치**합니
다. 처음 촬영 시에는 셀프
샷 촬영방법이 표시됩니다.

🖱 동영상 촬영 방법

01 카메라 화면에서 동영상을 찍기 위해 **[동영상 촬영(⏺)] 단추를 터치**하여 촬영을 시
작합니다.

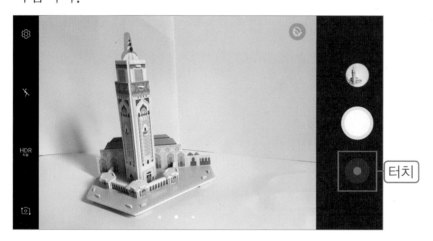

02 동영상 촬영을 끝내려면 **[정지(◾)] 단추를 터치**합니다.

카메라 설정하기

01 카메라 화면에서 [카메라 설정(⚙)]을 터치합니다. [타이머]를 터치하고 시간을 설정합니다. 일정 시간이 흐른 후 자동으로 촬영됩니다.

02 [카메라 설정(⚙)]에서 [음량 버튼 기능]을 터치하면 [사진 촬영], [동영상 촬영], [확대/축소], [시스템 음량] 중에서 설정할 수 있습니다. 초기 기본 설정은 [사진 촬영]으로 되어 있어서 사진을 촬영할 때 음량 버튼을 눌러도 사진을 촬영할 수 있습니다. [확대/축소]로 설정하면 사진을 찍을 때 줌앤아웃 기능으로 사용할 수 있습니다.

03 촬영 모드 변경하기

01 카메라 화면에서 **왼쪽에서 오른쪽으로 드래그**합니다.

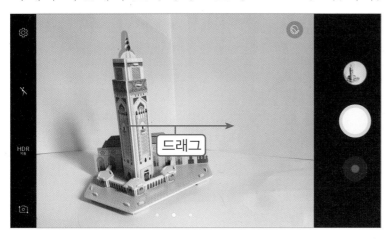

드래그

배움터

스마트폰 기종에 따라 화면을 드래그해도 촬영 모드가 표시되지 않을 때는 [모드] 단추를 터치합니다.

02 촬영 모드가 표시됩니다. [자동]으로 설정되어 있는데, 촬영 환경에 맞는 다른 촬영 모드를 선택할 수 있습니다. 촬영 모드를 **오른쪽에서 왼쪽으로 드래그**하여 닫습니다.

드래그

배움터

카메라가 촬영 환경을 자동으로 인식해 촬영 옵션을 설정하여 촬영합니다.

03 카메라 화면에서 **오른쪽에서 왼쪽으로 드래그**합니다.

드래그

04 여러 가지 필터가 나타납니다. 사진에 어울리는 **필터 하나를 선택**합니다. 화면을 왼쪽에서 오른쪽으로 드래그하여 필터를 닫습니다.

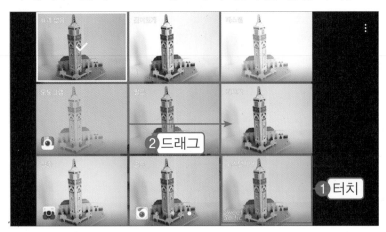

05 화면 오른쪽 상단의 ⊙를 **터치**합니다.

06 **세기를 드래그하여 조정**하고, 사진 외곽이 어둡게 나오게 조정하는 **비네팅 효과도** 조정합니다.

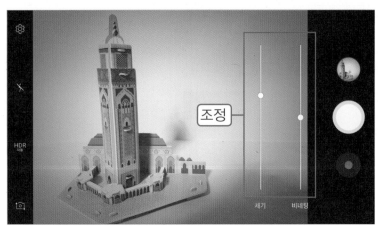

- 홈 버튼과 전원 버튼을 동시에 길게 눌러 화면을 캡처합니다.

배움터

물리 홈 버튼이 없는 모델은 전원 버튼과 볼륨 다운 버튼을 동시에 눌러서 캡처합니다.

- 손 옆면을 화면 위에 대고 화면을 오른쪽에서 왼쪽 또는 그 반대 방향으로 밀어서 화면을 캡처합니다.

캡처

캡처 후에 화면 아래쪽에 다음과 같은 툴바가 표시되는데, 툴바를 사용하여 웹 페이지를 스크롤 캡처하고, 메모, 공유하는 등 더욱 다양하게 활용할 수 있습니다.

❶ 스크롤 캡처 : 웹 페이지에서 자료 수집할 때 캡처한 후 [스크롤 캡처]를 터치하면 자동으로 아래로 스크롤 되어 추가로 캡처됩니다.

❷ 그리기 : 캡처 화면에 그림 그리거나 메모할 수 있습니다.

❸ 자르기 : 캡처 화면에서 원하는 부분만 잘라낼 수 있습니다.

❹ 공유 : 캡처 화면을 공유합니다.

 캡처 후 툴바가 나타나지 않을 때

[설정(⚙)] 앱을 실행한 후 [유용한 기능]-[스마트 캡처]를 터치하여 활성화 시킵니다.

05 갤러리 앱에서 촬영 사진 관리하기

01 홈 화면에서 **[갤러리(⬤)] 앱을 터치**합니다. [사진] 탭에는 촬영한 사진의 위치 정보
를 포함한 사진이 날짜별로 분류되어 있습니다. 원하는 **사진 파일을 선택**합니다.

02 사진을 선택하면 하단에 툴바가 표시됩니다. **[편집]을 터치**하면 조절, 색조, 효과,
꾸미기 기능을 사용하여 사진을 편집할 수 있습니다. **〈를 두번 터치**합니다.

03 [사진] 탭에서 **동영상을 선택**하면 하단에 툴바가 표시됩니다. 툴바 기능을 사용하여 바로 공유할 수도 있고, 편집, 삭제도 할 수 있습니다. ▶를 **터치**한 후 스마트폰을 가로로 돌려서 넓게 동영상을 감상합니다.

> **배움터** 사진이나 동영상을 선택했을 때 표시되는 툴바는 스마트폰의 브랜드나 기종에 따라 다를 수 있습니다.

04 [앨범] 탭을 터치하면 앨범별로 분류되어 있습니다. 직접 촬영한 사진은 [카메라] 앨범에 있고, 화면을 캡처한 사진은 [스크린샷] 앨범에 있습니다. **[스토리] 탭을 터치**하면 직접 촬영했던 날짜, 위치 등에 따라 자동으로 사진 및 동영상을 분류하여 스토리를 만들어 줍니다.

디딤돌학습

1 [카메라(⦿)] 앱에서 필터 중 하나를 적용하여 사진을 촬영하고, 세기와 비네팅 효과를 적용해 봅니다.

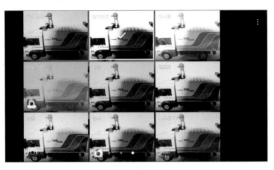

도움터 스마트폰의 기종에 따라 제공하는 필터 효과가 다를 수 있으므로, 제공하는 필터 중 하나를 선택하여 촬영합니다.

2 '문제1'에서 촬영한 사진을 [갤러리(★)] 앱으로 확인합니다. 사진 편집 기능을 사용하여 '만화' 효과를 적용해 봅니다.

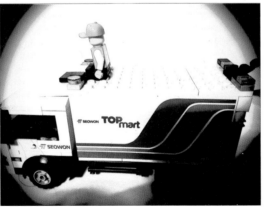

일상 생활에서 꼭 필요한 기능들이 스마트폰에 포함되어 있습니다. 알람 시계, 스톱워치, 타이머가 없어도 스마트폰만 있다면 그 모든 기능을 수행할 수 있습니다. 요즘 시대에는 없어서는 안 되는 것이 스마트폰입니다. 스마트폰을 활용해서 알람, 스톱워치, 타이머, 계산기, 스케줄 등을 설정하는 방법에 대해서 알아보겠습니다.

 무엇을 배울까요?

⋯ 알람 설정하기
⋯ 세계 도시 시각 알아보기
⋯ 스톱워치로 기록 재기
⋯ 타이머 설정하기

⋯ 현재 지역의 날씨 정보와 특정 도시 날씨 알아보기
⋯ 달력에 일정 추가하는 방법 살펴보기

🖐 알람 설정하기

01 앱스 화면에서 [**시계(◎**)] **앱을 터치**하여 실행합니다. 알람을 추가하기 위해 [**알람**] **탭을 터치**한 후 ⊕**를 터치**합니다.

> **배움터** 알람을 설정하고 관리할 수 있고, 각 도시의 시간을 추가하여 바로바로 현재 시간을 확인할 수 있습니다. 스톱워치와 타이머 기능도 이용할 수 있습니다.

02 먼저 **오전을 선택**한 후 '시' 부분을 **위·아래로 스크롤 하여 설정**하고, '분' 부분도 **위·아래로 스크롤하여 설 정**합니다. '**요일 반복**'에서 **월~금을 터치하여 설정**합 니다.

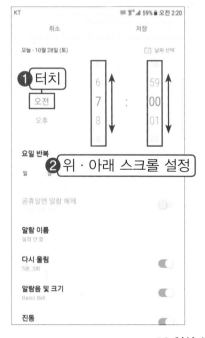

03 공휴일에는 알람이 울리지 않게 설정하려면 [**공휴일엔 알람 해제**]를 **터치**하고 [**사용 중**]을 **터치**해 활성화합니다. [**대체공휴일 포함**]도 **터치**한 후 〈를 **터치**합니다.

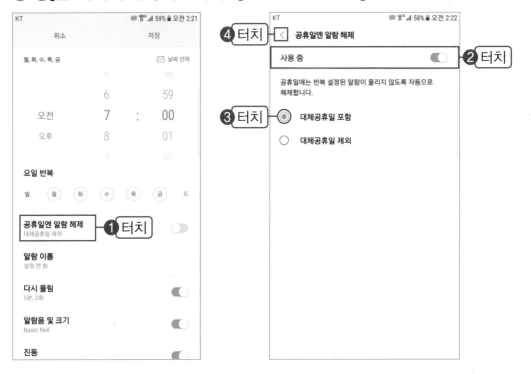

04 [**알람음 및 크기**]를 **터치**합니다. 알람음을 터치하면 알람음이 들리는데 **원하는 음을 선택**하고, 볼륨은 아래쪽 슬라이드 바를 **드래그하여 설정**합니다. 〈를 **터치**하여 이전 화면으로 이동하고 [**저장**]을 **터치**합니다.

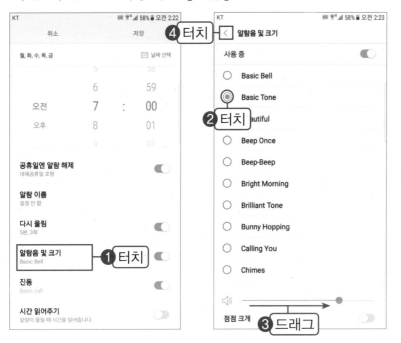

> **배움터** 안드로이드 버전에 따라 [알림음 및 크기] 기능이 [알림음]-[벨소리]에 있을 수도 있습니다.

05 평일 일어나는 시간으로 알람을 설정하였습니다. 알람을 끄려면 를 **터치**하고, 설정한 알람을 삭제하려면 해당 알람을 **길게 누른 후 [삭제]를 터치**합니다.

시계 설정하기

01 **[세계시각] 탭을 터치**한 후 를 **터치**합니다. 도시추가 화면의 검색창에 '**뉴질랜드**'라고 **입력**하면 뉴질랜드 관련 도시가 표시되고 **[오클랜드/뉴질랜드]를 터치**합니다.

02 지도에서 오클랜드 위치가 표시되고, 현재 시간을 표시해 줍니다. **[추가]를 터치**하면 오클랜드의 현재 시간과 날씨가 [세계시각] 텝에 추가됩니다.

03 추가한 도시를 삭제하려면 **도시를 길게 누른 후 [삭제]를 터치**합니다.

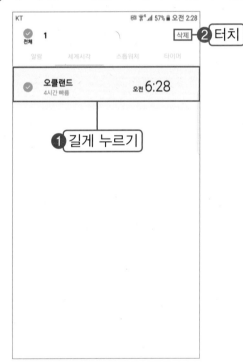

스톱워치 설정하기

01 [스톱워치] 탭을 터치한 후 [시작]을 터치하여 측정을 시작합니다.

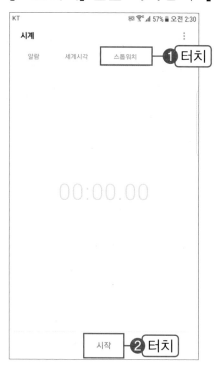

02 알맞은 시점에 [기록]을 터치하면 아래쪽에 기록이 추가되고, 측정은 계속됩니다. 계속해서 기록을 남기고 싶을 때마다 [기록]을 터치합니다. 기록을 중지하려면 [중지]를 터치합니다.

03 측정을 이어서 계속하려면 [계속]을 터치하고, 모든 기록을 삭제하려면 **[초기화]**를 선택합니다.

🖱 타이머 설정하기

01 **[타이머] 탭을 터치**합니다. 타이머가 울릴 시간을 설정하기 위해 시간, 분, 초를 위·아래로 스크롤하여 **시간을 설정**한 후 **[시작]을 터치**합니다. 울릴 시간까지 파란색으로 진행됩니다.

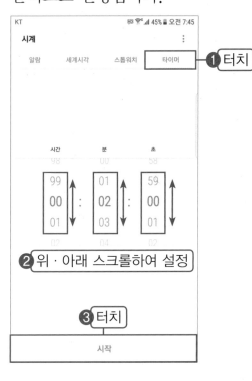

배움터 키패드로 설정

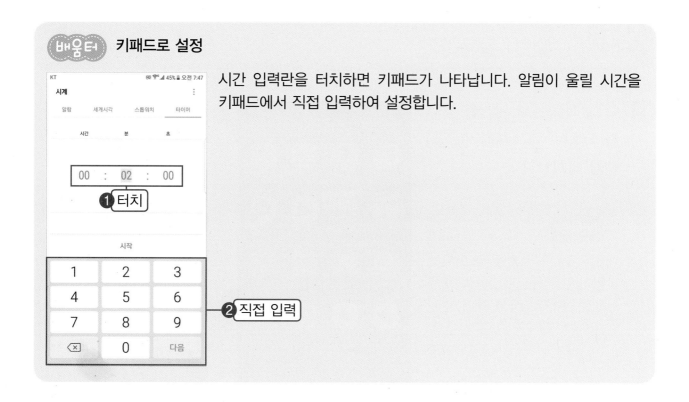

시간 입력란을 터치하면 키패드가 나타납니다. 알림이 울릴 시간을 키패드에서 직접 입력하여 설정합니다.

02 울릴 시간이 다 되어 가면 빨간색으로 채워지고, 타이머 시간이 종료되면 알림음이 울립니다. **[해제]**를 터치합니다.

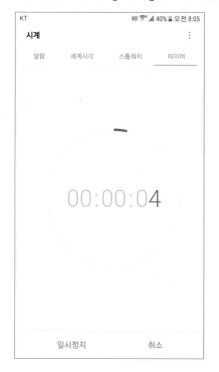

01 앱스 화면에서 [삼성] 폴더를 터치한 후 [계산기(📷)] 앱을 터치합니다.

배움터

[계산기(📷)] 앱은 스마트폰에 기본적으로 설치되어 있는 앱으로 삼성 폴더 안에 설치되어 있습니다. 삼성 폴더 안에 없는 경우에는 앱스 화면에 있습니다.

02 키패드를 사용하여 **계산식을 입력**합니다. 계산 기록을 지우려면 [계산기록]을 터치하여 계산기록을 확인한 후 [계산기록 삭제]를 터치합니다. 다시 계산하려면 'C'를 터치합니다.

배움터 **공학용 계산기**

스마트폰을 가로로 돌리면 공학용 계산기를 실행하여 제곱, sin, cos, tan 등의 어려운 계산도 할 수 있습니다.

날씨 정보 확인하기

01 홈 화면에서 **시계 위젯을 터치**합니다. 사용자가 위치한 지역의 실시간 시간과 주간 날씨를 확인할 수 있습니다. **[지역목록]을 터치**한 후 를 **터치**합니다.

02 [지역] 탭의 '인기도시'에서 **추가할 도시를 선택**하여 날씨 정보를 볼 도시를 추가합니다. 새로 추가한 **도시를 터치**합니다.

03 새로 추가한 지역의 주간 날씨를 확인한 후 **[검색]**을 **터치**합니다. 지도에 현재 지역이 표시되어 있는데, 검색창에 검색할 **도시 이름을 입력**하고 **검색**합니다. 검색한 도시로 지도 위치가 변경되면 **[추가]**를 **터치**합니다.

04 **홈 화면으로 이동**하면 날씨 위젯에 마지막으로 추가한 도시의 현재 시간과 날씨를 바로 확인할 수 있습니다.

01 홈 화면에서 [캘린더()] 앱을 터치합니다. 일정을 추가할 날짜를 선택한 후 ⊕를 터치합니다.

02 제목을 입력하고, [시작]을 터치합니다. 현재 날짜가 양력으로 설정되어 있는데, 음력으로 설정하기 위해 [양력] 단추를 터치합니다. [음력]으로 변경된 것을 확인한 후 [완료]를 터치합니다.

03 음력 생일로 설정된 것을 확인한 후 [내 캘린더]를 터치합니다. 캘린더 선택에서 사용자의 **구글 계정을 선택**합니다. 공지사항 창을 읽어보고 [확인]을 터치합니다.

  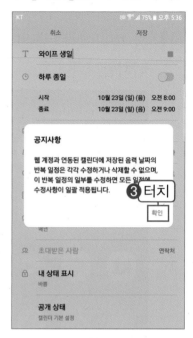

배움터

계정과 연동된 캘린더에 저장된 음력 날짜의 반복 일정은 각각 수정할 수 없고 반복 일정의 일부를 수정하면 모든 일정에 일괄 적용됩니다.

04 알림 방식 부분을 **터치**한 후 '**1일 전**'으로 **설정**하면 하루전에 알림이 나타납니다. ⟨**를 터치**하여 이전 화면으로 이동합니다.

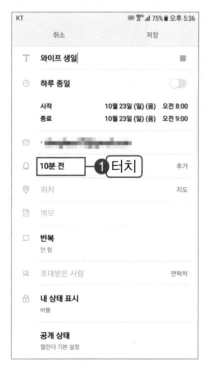 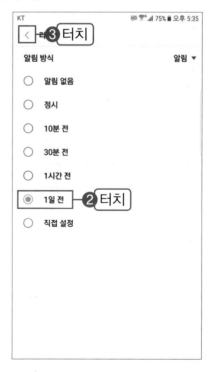

05 반복 부분을 터치하여 [매년]을 선택합니다. 〈를 터치하여 이전 화면으로 이동합니다. 일정 설정이 끝나면 [저장]을 터치합니다.

06 매년 반복으로 설정하였기 때문에 음력 생일 날짜에 맞게 내년에도 일정이 추가되어 있습니다.

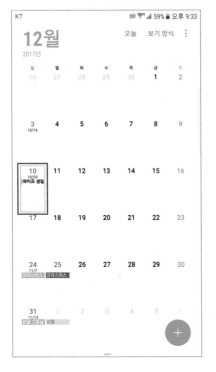

1 다음처럼 알람을 추가해 봅니다.

- 알람 시간 : 오전 6시30분
- 요일반복 : 월수금
- 알람 이름 : 영어학원

2 홈 화면에서 날씨 위젯의 도시를 '베이징 시'로 변경하여 실시 간 시간과 날씨를 알아봅니다.

07 스마트폰에서 인터넷 활용하기

안드로이드 운영체제제인 스마트폰의 경우 Play 스토어에서 다양한 앱을 다운로드 하여 사용할 수 있습니다. 네이버 메일 앱을 설치하고 상대방과 메일을 주고받을 수 있습니다. Play 스토어에서 앱을 다운로드하여 설치하는 방법과 인터넷 정보 를 검색하는 방법에 대해서 알아보겠습니다.

 무엇을 배울까요?

- ⋯ Play 스토어 앱에서 인기 앱과 카테고리별 앱 알아보기
- ⋯ 네이버 앱 다운로드하여 설치하기
- ⋯ 네이버 앱에서 정보 검색하기
- ⋯ 네이버 메일 앱 다운로드하여 설치하기
- ⋯ 네이버 메일로 파일 첨부하여 보내기
- ⋯ 네이버 메일에서 받은 첨부 파일 다운로드하기

01 홈 화면에서 [Play 스토어(▶)] 앱을 **터치**합니다. Google Play 서비스 약관에 동의하냐는 창에 [동의]를 **터치**합니다.

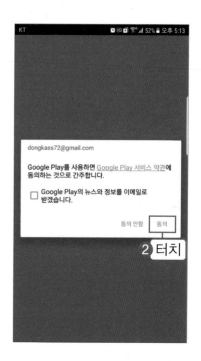

배움터 Play 스토어

안드로이드 폰에서 사용할 수 있는 수백만 개의 최신 안드로이드 앱을 카테고리별 분류하여 제공하고 있습니다. 애플에서 '앱 스토어'와 같은 프로그램입니다. 게임, 교육, 날씨, 쇼핑, 소셜 등의 앱이 필요할 때 Play 스토어에서 다운로드하고 사용할 수 있습니다.

---

02 [시작하기] 단추를 **터치**하면 Play 스토어의 홈 화면이 나타납니다. 추천, 인기 차트, 키즈, 카테고리, 에디터 추천으로 분류되어 있는데, [인기 차트]를 **터치**합니다.

03 인기 순위별로 앱이 나열됩니다. 1위 앱을 터치한 후 **[설치] 단추를 터치**하여 설치합니다. ← **를 터치**합니다.

04 Play 스토어의 홈 화면에서 **[카테고리]를 터치**합니다. 전체 카테고리가 나타나고, 각각의 카테고리에 맞게 앱이 분류되어 있습니다. **[건강/운동] 카테고리를 터치**합니다.

05 [건강/운동]과 관련된 앱들이 나타납니다. 그중 하나를 터치하여 **[설치] 단추를
터치**합니다.

배움터 **키즈 앱**

Play 스토어의 홈 화면에서 [키즈]를 선택하면 키즈 관련 앱만 나타납니다. 키즈 앱은 교육, 두뇌
게임 등으로 카테고리가 분류되어 있습니다. 대상층에 맞는 키즈 앱만 모아서 본 후 마음에 드는
앱을 다운로드할 수 있습니다.

01 홈 화면에서 [Play 스토어(▶)] 앱을 **터치**한 후 Play 스토어가 실행되면 Google play 검색창에 **'네이버'**라고 **입력**합니다. 관련 앱 목록이 나타나면 그중 **'네이버'**를 **터치**합니다.

02 [설치] 단추를 **터치**합니다. 설치가 완료되면 [열기] 단추를 **터치**합니다. 홈 화면에 네이버 바로가기가 추가됩니다.

배움터

사용자의 스마트폰 기종에 따라서 앱을 설치할 때 사용항목 동의 창이 나타날 수가 있습니다. 사용항목 동의 창에서 [동의]를 터치하고 설치를 진행하면 됩니다.

03 홈 화면에서 **[네이버()] 앱을 터치**하여 실행할 수도 있습니다. 네이버 앱이 실행되면 **[다음]을 터치**합니다.

04 [시작하기 전에] 화면이 나타나면 **[나중에 할게요]를 터치**한 후 **[네이버 시작하기]를 터치**합니다.

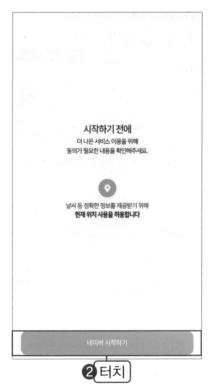

05 위치정보 사용 동의 창에 **[허용]**을 **터치**합니다. 네이버의 첫 화면이 나타납니다.

배움터 네이버 그린닷(◉) 사용하기

네이버의 그린닷(◉)을 터치하면 다음과 같이 네이버를 간편하게 사용할 수 있도록 도와주는 그린닷이 실행됩니다.

01 네이버의 검색창을 터치하여 '**시대고시**'를 **입력**한 후 단추를 **터치**하여 검색합니다.

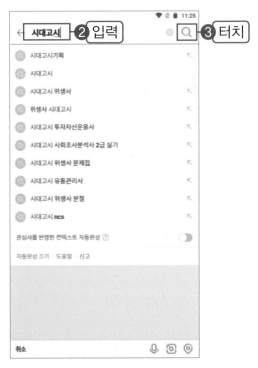

02 검색어와 관련된 정보가 검색되면 관련된 정보 중 **읽고 싶은 내용을 터치**합니다. 관련된 정보 페이지로 이동합니다.

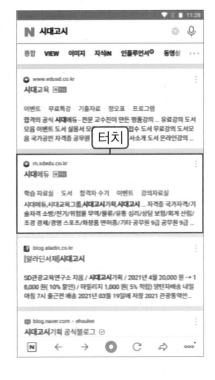

03 하단의 를 **터치**한 후 [keep에 저장]을 **터치**합니다. 메시지 창이 나타나면 **[닫기]** 를 **터치**합니다. [keep에 저장됨]이 나타납니다.

배움터 keep에 저장하기

keep에 추가하기를 터치하면 네이버 로그인 창이 나타납니다. 네이버 계정으로 로그인해야 사용 할 수 있습니다. 스마트폰으로 keep한 내용은 pc에서도 추가됩니다. 반대로 pc에서 추가한 페이지를 스마트폰에서도 확인할 수 있습니다.

04 하단의 를 **터치**한 후 [keep 목록]을 **터치**합니다. [keep] 페이지가 나타나면서 저장한 페이지의 목록이 나타납니다. **북마크를 터치**하여 페이지를 열어봅니다.

01 홈 화면에서 [Play 스토어(▶)] 앱을 터치한 후 Play 스토어가 실행되면 Google play 검색창에 '네이버메일'이라고 입력합니다. 관련 앱 목록이 나타나면 '네이버 메일'을 터치합니다. [설치] 단추를 터치하여 설치합니다.

02 설치가 완료되면 [열기] 단추를 터치하거나 홈 화면으로 이동하여 [네이버 메일(◉)] 앱을 터치합니다.

배움터

사용자의 스마트폰 기종에 따라서 앱을 설치할 때 사용항목 동의 창이 나타날 수 있습니다. 사용항목 동의 창에서 [동의]를 터치하고 설치를 진행하면 됩니다.

03 네이버 계정의 **아이디와 비밀번호를 입력**하고 [로그인]을 **터치**합니다. 받은메일함
이 열리면 네이버에서 온 편지가 있습니다. 를 **터치**합니다.

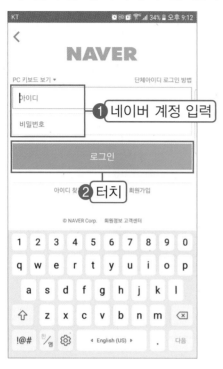

> **배움터** 네이버 계정이 없는 경우에는 [회원가입]을 터치하여 회원가입한 후에 네이버 계정에
> 로그인해야 합니다.

04 '받는사람'에 **메일 주소를 입력**하고, **제목과 내용을 입력**합니다. 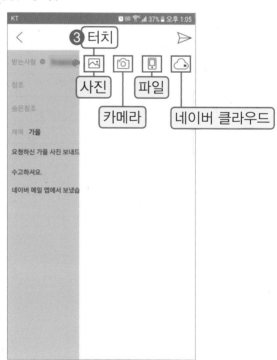를 **터치**하고 사
진 파일을 첨부하기 위해 ⊠를 **터치**합니다.

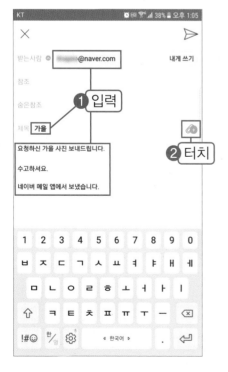

05 갤러리에서 **앨범을 선택**하고 보낼 **사진을 모두 선택**한 후 **[첨부]를 터치**합니다.
사진이 첨부되면 ▷를 **터치**하여 전송합니다.

06 받은메일함 화면에서 ☰를 **터치**한 후 **[보낸메일함]을 터치**하여 보낸 메일을 확인
합니다. 상대방이 편지를 읽었는지 확인하기 위해 ☰를 **터치**한 후 **[수신확인]을**
터치합니다.

받은 첨부 파일 저장하기

01 [네이버 메일()] 앱에 숫자가 표시되어 있다면 새로운 메일을 받았다는 의미입니다. **[네이버 메일()] 앱을 터치**한 후 **새로 받은 메일을 터치**합니다.

02 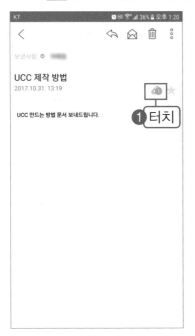에 숫자가 **표시**되면 첨부 파일이 있다는 의미입니다. 첨부 파일을 다운로드하기 위해 를 **터치**합니다. 첨부 파일이 다운로드되고, 첨부 파일이 열립니다.

배움터 받은 메일에 여러 파일이 첨부되었을 때는 를 터치하여 한꺼번에 모두 다운로드합니다.

1 네이버 앱에서 '기초노령연금'을 검색하고, 검색된 웹 페이지 중 지식백과에서 제공하는 내용을 keep해 봅니다.

2 네이버 메일에서 직접 사진을 찍어서 메일을 보내 봅니다.

도움터 메일쓰기에서 사진을 직접 찍어서 첨부 파일로 메일을 보내려면 📎를 터치한 후 📷을 터치하여 사진을 찍어서 첨부합니다.

08 스마트폰으로 음악과 동영상 즐기기

스마트폰 하나로 음악, 동영상은 물론 TV 시청까지 할 수 있습니다. 스마트폰으로 다른 작업을 할 때도 음악을 듣거나 동영상을 보면서 할 수 있습니다. 멀티미디어 앱을 통해 음악, 동영상을 감상하는 방법에 대해서 알아보겠습니다.

 무엇을 배울까요?

··· 음악 플레이어 앱 실행하기   ··· 갤러리에서 동영상 감상하기
··· 유튜브에서 원하는 동영상 찾아보기   ··· DMB로 TV 시청하기

🖱 음악 듣기

01 Play 스토어를 실행 후 Google Play 검색창에 **'음악플레이어'를 입력**합니다. 관련 앱 목록이 나타나면 그중 **'음악 플레이어'를 터치**합니다. **[설치] 단추를 터치**하여 설치를 시작합니다.

02 설치가 완료되면 **[열기] 단추를 터치**합니다. 음악 플레이어 홈 화면 상단 메뉴바에 **'재생 목록'을 터치**합니다. 최근 재생했거나 추가한 음악 목록이 나옵니다. 음악을 터치하여 재생합니다.

03 하단의 미니 플레이어를 터치하여 플레이어를 열면 앨범 커버 아래 있는 ▨를 눌러 재생 중인 노래를 '즐겨찾기' 목록에 추가할 수 있습니다.

배움터 기본 음악 플레이어

각 통신사마다 기본으로 설치되어 있는 음악 플레이어는 다릅니다. SKT는 'Melon'을 사용하며, KT와 LG는 'Genie'를 사용합니다.

04 ⠿를 터치한 후 **[삭제]를 터치**합니다. '노래 없음'으로 목록에서 음악이 완전히 삭제된 걸 확인할 수 있습니다.

스마트폰 브랜드에 상관없이 안드로이드 폰에는 기본으로 있던 [Play 뮤직] 앱이 2020년 12월로 서비스가 종료됐습니다. [Play 뮤직] 앱이 사라진 자리에는 현재 Youtube Music이 서비스를 대체하고 있습니다.

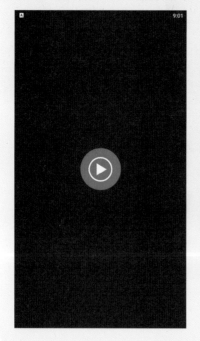

02 유튜브 앱 활용하여 동영상 보기

01 홈 화면에서 **구글 폴더를 터치**한 후 [YouTube()] 앱을 **터치**합니다.

02 유튜브 레드 광고 화면이 나타나면 [나중에]를 터치합니다. 유튜브 첫 화면이 나타나면 동영상을 검색하기 위해 🔍를 **터치**합니다.

03 검색창에 '공익광고'라고 **입력**하고 검색한 후 보고싶은 **동영상을 선택**합니다.

04 재생 화면이 나타나면 광고가 있는 경우에는 [광고 건너뛰기]를 터치하고, 광고가 없을 때는 바로 ▦를 **터치**한 후 스마트폰을 가로로 돌려서 동영상을 화면에 꽉 차게 봅니다.

01 유튜브 홈 화면에서 🔍를 터치하고 검색란에 구독을 원하는 채널명을 입력합니다.

02 검색 결과가 올바른지 확인한 후 채널명을 터치합니다. 채널의 홈 화면이 나타나면 채널명 아래 '**구독**'을 터치합니다.

01 홈 화면에서 [갤러리(⬟)] 앱을 **터치**한 후 앨범에서 **동영상을 터치**합니다.

02 ▶를 **터치**하여 동영상을 재생합니다. 스마트폰을 가로로 돌리면 전체 화면으로 재생됩니다.

배움터 비디오 플레이어

삼성 스마트폰에는 비디오 앱이 내장되어 있어서 비디오 앱 아이콘(▣)은 없습니다. 스마트폰 브랜드마다 제공하는 비디오 플레이어 앱과 비슷하며 만약 삼성비디오 앱을 설치하려면 [Play 스토어(▶)] 앱에서 검색하여 설치할 수 있습니다.

03 동영상 재생 중 화면을 터치하면 콘트롤러가 표시됩니다. **를 터치**합니다.

04 바로 가기 메뉴에서 편집기, 삭제, 공유, 설정 등을 설정할 수 있습니다. **[편집기]를 터치**합니다.

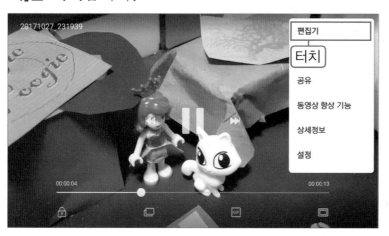

05 편집기를 통해 간단하게 동영상을 편집할 수 있습니다.

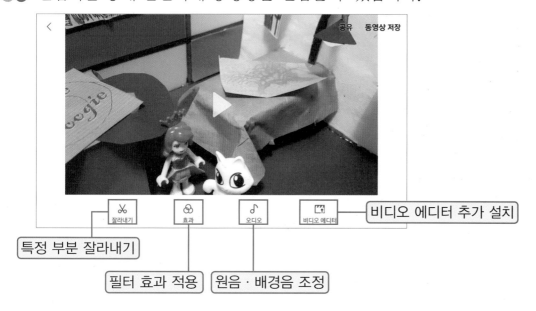

1 유튜브에서 '한국관광공사' 관련 영상을 찾아본 후 시청해 봅니다.

2 음악 플레이어 앱을 실행한 후, 듣고 싶은 음악을 담아 재생해 봅니다.

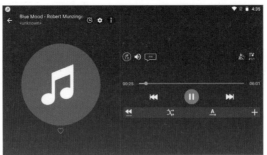

09 카카오톡으로 소통하기

카카오톡은 세계 어디서든 휴대폰에 등록된 친구와 소통할 수 있는 메신저입니다. 카카오톡에서는 상대방이 볼 수 있는 프로필을 편집하고 관리할 수 있으며 상대방과 사진, 동영상, 연락처 등을 주고받을 수 있습니다. 또한 카카오 페이스톡으로 영상통화도 할 수 있습니다. 카카오톡을 사용하는 방법에 대해서 알아보겠습니다.

 무엇을 배울까요?

⟶ 카카오톡 설치하기
⟶ 카카오톡 프로필 관리 편집하기
⟶ 카카오톡으로 상대방과 1:1로 채팅하기

⟶ 카카오톡으로 상대방과 사진 주고받기
⟶ 카카오톡으로 보이스톡하기
⟶ 카카오톡으로 페이스톡하기

01 홈 화면에서 [Play 스토어(▶)] 앱을 **터치**합니다. 앱을 터치한 후 Play 스토어가 실행되면 Google play 검색창에 '**카카오톡**'이라고 **입력**합니다. 관련 앱 목록이 나타나면 그중 '**카카오톡**'을 **터치**합니다. [**설치**] **단추를 터치**하여 설치를 시작합니다.

02 설치가 완료되면 [**열기**] **단추를 터치**하거나 홈 화면의 [카카오톡(TALK)] 앱을 터치합니다.

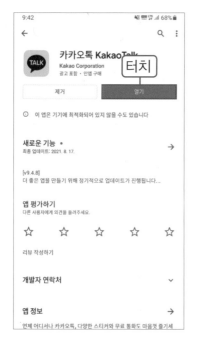 

배움터

카카오톡은 어디서나 스마트폰 사용자간 무료로 메시지를 주고받을 수 있는 메신저 서비스입니다. 실시간으로 1:1 채팅, 무료 통화를 즐길 수 있고, 사진, 동영상, 연락처 등을 주고받을 수 있습니다.

03 카카오톡 시작 창이 나타나면 [새로운 카카오계정 만들기]를 터치합니다. 이용약관에 동의 창이 나타나면 [모두 동의합니다]를 터치한 후 [동의하고 계속 진행합니다]를 터치합니다. 자동으로 휴대전화번호가 입력되면 [확인] 단추를 터치합니다. 전화번호로 인증번호를 보낸다는 메시지에 [확인] 단추를 터치합니다.

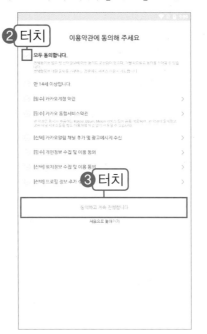

04 인증번호 창이 나타나면 [인증번호 전화로 받기]를 터치합니다. 나타나는 메시지에 [확인] 단추를 터치합니다. 전화를 받아 **인증번호를 입력**한 후 [확인] 단추를 터치합니다.

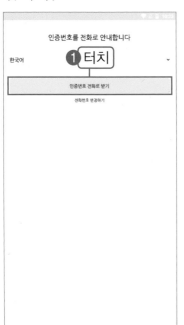

배움터 카카오톡 설정 진행 중에 권한에 대한 허용 창이 표시되면 [허용]을 터치해야 정상적으로 사용할 수 있습니다.

05 메시지 창이 나타나면 **[계속]** 단추를 **터치**합니다. 새로운 계정의 **비밀번호를 입력**한 후 **[확인]** 단추를 **터치**합니다. **이름, 생일, 성별을 입력**한 후 **[확인]** 단추를 **터치**합니다.

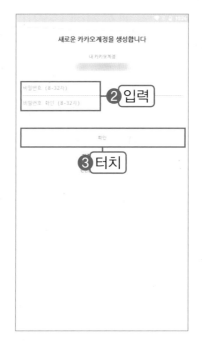
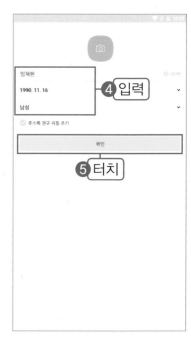

06 프로필 사진 등록 요청 메시지가 나타나면 **[기본 이미지로 설정]**을 **터치**합니다. 이메일을 등록 요청 창에 **[나중에 하기]를 터치**하여 카카오톡에 가입합니다.

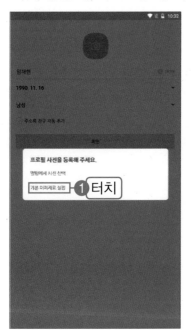

카카오톡 프로필 편집하기

🖱 **프로필 이미지와 배경 이미지 편집하기**

01 주소록에 친구가 자동으로 추가됩니다. **내 프로필을 터치**합니다. 내 프로필 화면
이 나타나면 **[프로필 편집]을 터치**합니다. 프로필 이미지를 변경하기 위해 프로필
사진의 **📷를 터치**합니다.

02 프로필 사진 창이 나타나면 **[앨범에서 사진/동영상 선택]을 터치**합니다. 사진 앨
범에서 **삽입할 이미지를 터치**합니다. 이미지의 분위기를 바꾸기 위해 **🔆를 터치**
합니다.

03 **[따스한]**을 **선택**합니다. 색감이 바뀐 것을 확인한 후, 그림의 크기를 바꾸기 위해 ▢를 **터치**합니다. **외곽선을 드래그**하여 크기를 작게 만든 후 ✓를 **터치**합니다. 그림이 확대된 것을 확인할 수 있습니다. ☺를 **터치**합니다.

04 **스티커를 선택**하고 **크기와 위치를 드래그**하여 조절한 후 ✓를 **터치**합니다. 프로필 사진이 완성되면 **[확인]** 단추를 **터치**합니다.

05 프로필 사진이 바뀐 것을 확인할 수 있습니다. 배경을 바꾸기 위해 좌측 하단의 📷를 **터치**합니다. 배경 창이 나타나면 **[앨범에서 사진/동영상 선택]**을 **터치**합니다. 사진 앨범에서 배경으로 **삽입할 이미지를 터치**합니다.

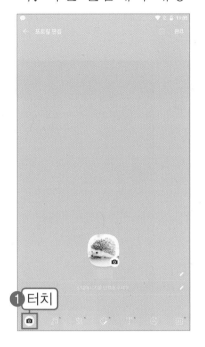  

06 배경 사진 편집 화면이 나타나면 하단에서 ✏를 **터치**합니다. 배경 사진 위에서 드래그하여 **손글씨를 그립니다.** ✓를 **터치**한 후 **[확인]** 단추를 **터치**합니다.

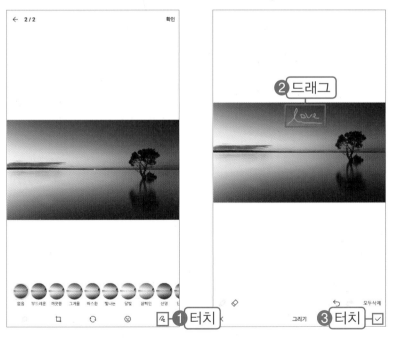 

🖱️ 상태메시지와 프로필 꾸미기

01 **상태메시지를 터치**한 후 **상태메시지를 입력**합니다. **[확인] 단추를 터치**합니다. 배경에 효과를 주기 위해 🕐**를 터치**한 후 **적용할 효과를 선택**합니다. **[완료]를 터치**합니다.

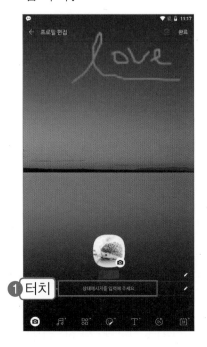

02 디데이를 설정하기 위해 🗓️**를 터치**한 후 **이미지를 선택**합니다. 디데이 창이 나타나면 **제목과 날짜를 설정**한 후 **[확인] 단추를 터치**합니다. 프로필에 음악을 삽입하기 위해 🎵**을 터치**합니다.

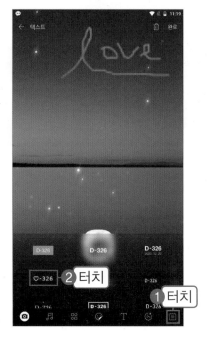
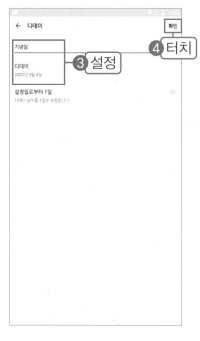

03 프로필 뮤직 추가 창이 나타나면 **음악을 선택**한 후 **[추가하기]** 단추를 **터치**합니다. 프로필 뮤직 편집 창이 나타나면 추가할 **음악을 선택**한 후 **[완료]** 단추를 **터치**합니다. **음악 아이콘을 선택**합니다.

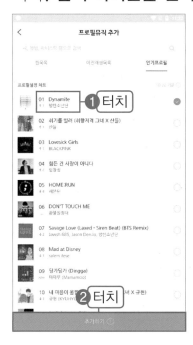

04 **음악 아이콘의 위치와 크기를 드래그**하여 설정한 후 **[완료]** 단추를 **터치**합니다. 편집된 프로필을 확인할 수 있습니다.

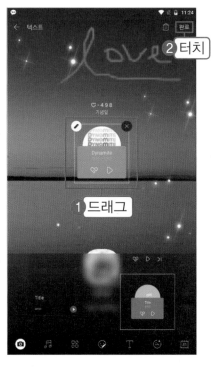

> 배움터 상태메시지는 현재 본인의 기분이나 상황을 글로 표현할 수 있기 때문에 대화 상대방이 상태메시지를 보고 서로의 기분이나 상황을 파악하고 대화에 참여할 수 있습니다.

01 친구 목록에서 대화할 **상대방을 터치**합니다. 상대방의 프로필 화면이 표시되면 **[1:1채팅]을 터치**합니다.

02 채팅창이 나타나면 **보낼 메시지를 입력**한 후 ▶ **단추를 터치**합니다. 채팅 중 이모티콘을 보내기 위해 ☺를 **터치**합니다.

03 전송할 **이모티콘을 터치**한 후 ▶**단추를 터치**합니다. 상대방이 아직 메시지를 읽지 않았기 때문에 숫자가 표시됩니다.

04 상대방이 내가 보낸 메시지를 읽고 답글을 보내면 내가 보낸 메시지의 숫자도 없어집니다. 숫자가 없어지면 상대방이 메시지를 읽었다는 뜻입니다. 사진을 보내기 위해서 **[+]를 터치**하고, **[앨범]을 터치**합니다.

배움터 메시지 입력창 앞의 [+]를 터치하면 사진, 동영상을 보낼 수 있고, 카메라로 직접 찍은 사진도 전송할 수 있습니다. 선물하기를 터치하여 유료로 선물을 구입하여 보낼 수 있고, 보이스톡(무료통화), 페이스톡(무료영상통화)로 상대방과 통화할 수도 있습니다.

05 사진 앨범에서 **보낼 사진을 선택**한 후 하단의 ⚬⚬⚬를 **터치**한 후 화질 창이 나타나면 [고화질]을 선택한 후 [확인] 단추를 **터치**합니다. ▶를 **터치**하여 메시지를 보냅니다. [+]를 **터치**합니다.

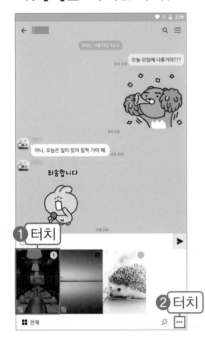

06 [연락처]를 **터치**한 후 연락처 창에서 [카카오톡 프로필 보내기]를 **선택**합니다. 프로필 선택 창이 나타나면 보낼 **연락처를 선택**한 후 [확인] 단추를 **터치**합니다.

카카오톡으로 무료 통화하기

01 친구 목록에서 **대화할 상대방을 터치**하면 프로필 화면이 표시됩니다. **[통화하기]** 를 **터치**하고 [보이스톡]을 터치합니다.

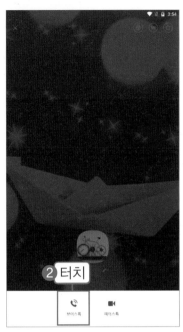

배움터

카카오톡 기능을 실행하기 위해 권한에 대한 허용 창이 표시되면 [허용]을 터치해 주어야 정상적으로 사용할 수 있습니다.

02 보이스톡이 연결되면 서로 대화를 나눈 후 📞를 **터치**하여 대화를 종료합니다.

배움터 와이파이 연결 시 무료로 통화할 수 있고, 3G/LTE 환경에서 연결 시 데이터 통화료가 부과될 수 있습니다.

03 친구 목록에서 대화할 **상대방을 터치**하면 프로필 화면이 표시됩니다. **[통화하기]**를 **터치**하고 **[페이스톡]**을 **터치**하면 영상통화도 무료로 사용할 수 있습니다. 와이파이를 사용하고 있어도 데이터 사용 알림 창이 표시되는데, **[확인]을 터치**합니다.

04 상대방과 얼굴을 보면서 서로 대화합니다. **화면을 터치**하면 툴바가 보이는데 💬를 **터치**하여 대화를 종료합니다.

디딤돌학습

1 내 카카오톡 프로필 바탕화면을 스티커를 이용하여 꾸며봅니다.

2 카카오톡으로 만날 장소의 지도를 상대방에게 보내봅니다.

스마트폰을 더욱 편리하게 사용하기

스마트폰을 더욱 쉽고 편리하게 사용하려면 음성 호출 명령 기능을 사용할 수 있습니다. 잠금 화면에서도 간단한 명령어와 요청사항을 말하면 바로 문자를 보내거나 전화를 걸 수도 있습니다. 스마트폰을 분할 화면이나 팝업 화면을 사용하여 한 화면에서 여러 앱을 실행하여 더 빠르게 작업할 수도 있습니다. 배터리를 아껴서 절전 모드로 사용하는 방법까지 알아보겠습니다.

 무엇을 배울까요?

⋯ 음성 호출 명령 등록하기　　⋯ 디바이스 관리하기
⋯ 음성 호출 명령으로 실행하기　⋯ 긴급 모드 실행하기
⋯ 분할 화면과 팝업 화면

음성 명령 기능으로 실행하기

음성 명령 등록 방법

01 홈 버튼을 길게 누르면 구글 어시스턴트가 실행됩니다. [다음] 단추를 터치한 후 내 음성 인식을 등록하기 위해 [시작하기] 단추를 터치합니다.

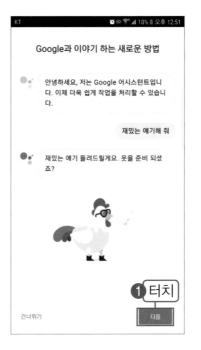

배움터 구글 어시스턴트(Google Assistant)

구글의 AI 기반 비서 구글 어시스턴트는 2017년 9월에 한국어 지원까지 가능해지면서 안드로이드 6.0 버전(마시멜로) 이상 설치된 스마트폰이면 자동으로 구글이 업데이트합니다. 삼성 스마트폰도 홈 버튼을 꾸욱 누르면 구글 어시스턴트가 호출되어 요청사항을 실행할 수 있게 됩니다.

---

02 음성을 인식하도록 일정한 속도로 '오케이 구글'이라고 말하면 화면은 듣는 중이라고 표시되고 완료가 나타납니다. 호출 명령어인 '오케이 구글'을 2번 더 반복하여 말하면 완료가 표시되고 다음 화면으로 이동됩니다.

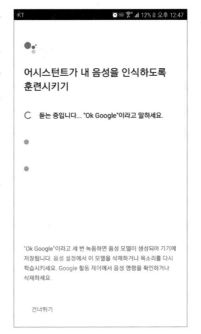

03 [다음] 단추를 **터치**하면 사용자 인증 화면이 나타납니다. 잠금 화면을 해제할 때 사용한 **지문이나 비밀번호를 입력**한 후 [다음]을 **터치**합니다.

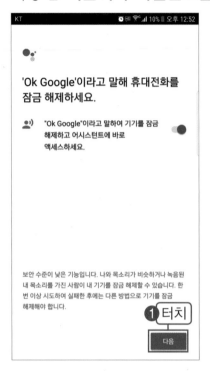
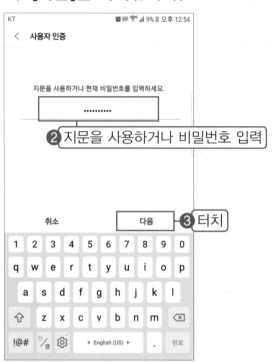

04 구글 어시스턴트를 최대한 활용하려면 최신 도움말을 이메일로 받는다는 **안내 부분을 터치**하여 활성화한 후 [다음] 단추를 **터치**합니다. 홈 화면 아래쪽에서 음성 안내와 함께 구글 어시스턴트가 나타납니다.

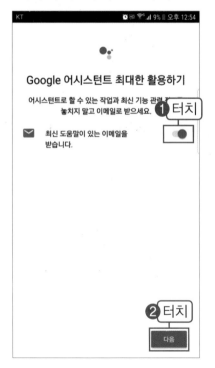
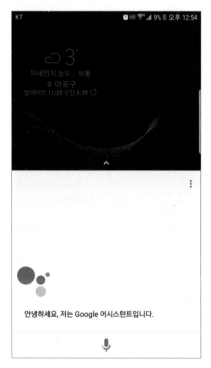

05 '무엇을 도와 드릴까요?'라는 구글 어시스턴트의 물음에 **'오늘 날씨'라고 대답**합니다.

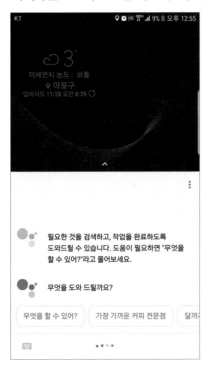 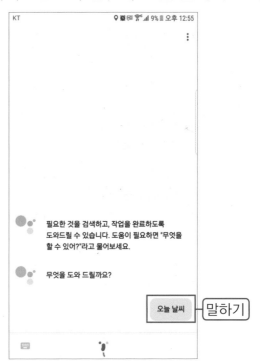

06 음성과 글로 오늘 날씨에 대해서 친절하게 안내해줍니다. 이어서 호출 명령어인 **'오케이 구글'이라고 말한 후** 요청 사항인 **'강원도에 비 오나요?'라고 말하면** 강원도의 날씨도 안내해 줍니다.

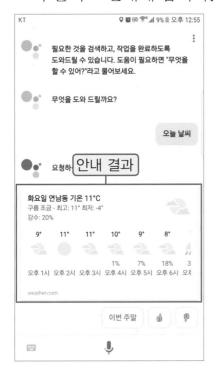 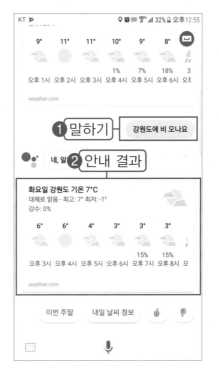

배움터 호출 명령어 + 요청사항을 계속해서 차례대로 말하면 연속해서 요청사항에 대한 결과를 안내받을 수 있습니다.

🖱 잠금 화면에서 음성 명령으로 호출하기

01 잠금 화면에서 호출 명령어인 **'오케이 구글'이라고 말하면** 잠금 화면이 해제되면서 구글 어시스턴트가 나타납니다. **전화 걸기 요청사항을 말하면** 구글 어시스턴트에서 자동으로 전화걸기를 실행합니다.

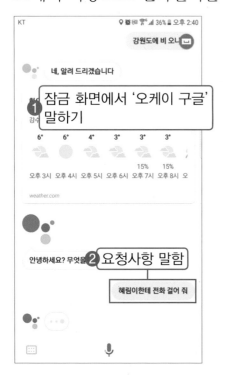 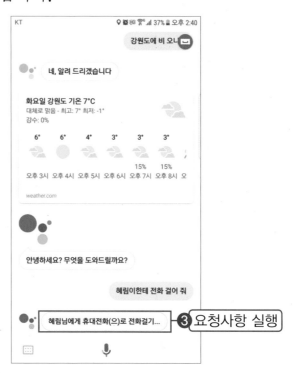

02 전화 앱이 실행되고 요청한 상대방에게 전화를 겁니다. 전화가 연결되면 상대방과 통화를 합니다.

배움터

구글 어시스턴트는 홈 버튼을 길게 눌러도 실행됩니다. 호출 명령어로 잠금 화면이 해제되지 않을 때는 홈 버튼을 사용합니다.

분할 화면 보기

01 스마트폰의 **[최근 실행 앱]** 버튼을 눌러 최근 실행한 앱의 목록을 엽니다. 분할 화면으로 볼 앱의 🔲를 **터치**합니다. 선택한 앱이 분할 화면의 위쪽에 실행됩니다.

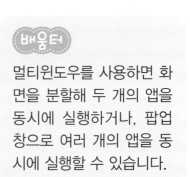

배움터

멀티윈도우를 사용하면 화면을 분할해 두 개의 앱을 동시에 실행하거나, 팝업 창으로 여러 개의 앱을 동시에 실행할 수 있습니다.

02 분할 화면 아래쪽의 최근 실행 앱들 중 함께 **실행할 앱을 선택**합니다. 두 개의 앱이 분할 화면으로 실행되었습니다.

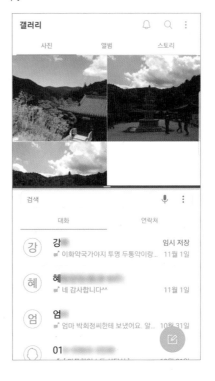

03 조절할 창의 [조절바]를 누르면 추가 옵션 툴바가 나타납니다. ↻를 터치하여 위아래 앱의 위치가 전환됩니다.

 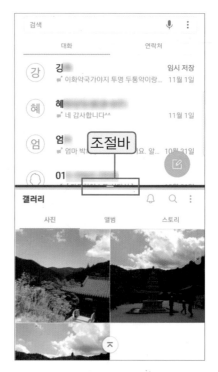

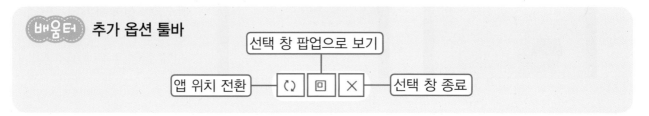

배움터 **추가 옵션 툴바**

선택 창 팝업으로 보기

앱 위치 전환 — ↻ 回 × — 선택 창 종료

04 크기를 조절하기 위해 **조절바를 아래로 드래그**하여 창 크기를 넓힙니다. 새 메시지 창으로 불러온 후 아래쪽의 갤러리 앱에서 **사진을 길게 눌러서 사진 두 개를 선택**합니다.

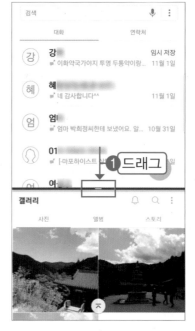 

05 아래쪽의 **선택된 사진을 길게 누른 채** 위쪽 메시지 **입력란 쪽으로 드래그**하면 파일이 자동으로 첨부됩니다. 분할 화면을 종료하려면 **조절바를 터치**한 후 ☒를 **터치**합니다.

🖱 팝업 화면 보기

01 스마트폰의 **[최근 실행 앱]** 버튼을 눌러 최근 실행한 앱의 목록을 엽니다. 팝업 화면으로 볼 **앱을 길게 누른 후** 팝업 화면으로 **실행 쪽으로 드래그**합니다. 팝업 화면으로 실행됩니다. 다른 앱을 실행해도 팝업 실행된 카카오톡이 제일 위쪽에 실행됩니다.

01 홈 화면에서 [설정(⚙)] 앱을 터치합니다. 설정 화면에서 [디바이스 관리]를 터치합니다.

02 자동으로 디바이스 확인이 진행되고, 확인이 완료되면 휴대전화 상태를 표시해 줍니다. 최적화를 진행하기 위해 [지금 최적화] 단추를 터치합니다.

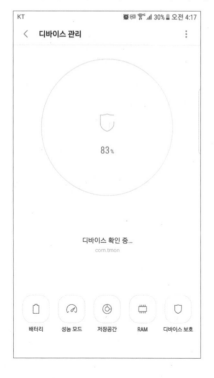

03 최적화가 진행이 완료되면 휴대전화 상태가 아주 좋다고 표시됩니다. 배터리 잔량이 적기 때문에 **[배터리]를 터치**합니다.

04 예상 사용 시간이 표시됩니다. 실행 중이 아닌 앱에서 배터리를 사용하지 않도록 **[절전] 단추를 터치**하여 절전 상태로 전환합니다. 절전 모드의 **[절전] 단추를 터치**합니다. 예상 사용 시간이 1시간 남짓 늘어난 것을 확인할 수 있습니다.

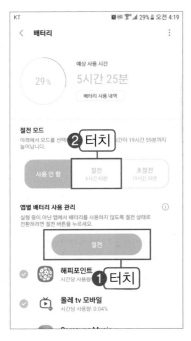

> **배울터** 초절전 모드를 실행하면 훨씬 긴 시간 동안 사용할 수 있으나 스마트폰에 다크 테마를 적용하고 일부 앱의 기능을 제한해서 배터리 사용량을 줄일 수 있습니다. 와이파이 연결이 해제되어서 모바일 네트워크를 사용해야 합니다.

01 스마트폰의 **전원 버튼**을 길게 누른 후 [긴급 모드]를 **터치**합니다. '**위의 이용약관을 모두 읽었으면 이에 동의합니다.**'를 체크한 후 [**동의**]를 **터치**합니다.

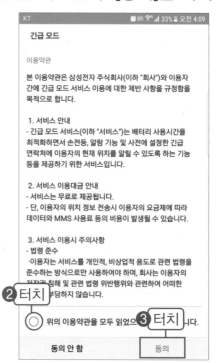

02 긴급 모드의 안내사항을 읽어보고 안내창의 [**실행**]을 **터치**합니다. 긴급 모드가 실행되면서 와이파이의 연결이 해제되고, 필수 앱만 사용할 수 있습니다. 아래쪽에 남은 배터리 잔량과 예상 사용 시간이 표시됩니다. 긴급 모드는 긴급한 상황에만 사용하는 것이 좋습니다.

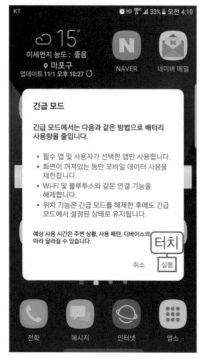

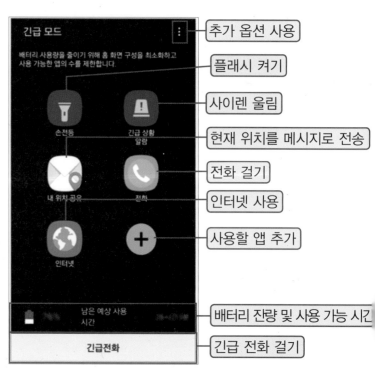

1 음성 호출 명령으로 연락처에 등록된 사람 중 한 명에게 '내일 만나자'라는 메시지를 전달해 봅니다.

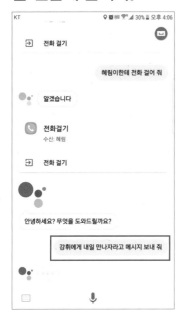

2 네이버 창 위에 새 메시지 창을 팝업 화면으로 실행해 봅니다.

MEMO

스마트한 생활을 위한 버전2 **스마트폰** 기초

개정 2판 3쇄 발행	2023년 03월 30일
초 판 발 행	2018년 01월 05일
발 행 인	박영일
책 임 편 집	이해욱
저 자	정동임
편 집 진 행	성지은
표 지 디 자 인	김도연
편 집 디 자 인	신해니
발 행 처	시대인
공 급 처	(주)시대고시기획
출 판 등 록	제 10-1521호
주 소	서울시 마포구 큰우물로 75 [도화동 538 성지 B/D] 6F
전 화	1600-3600
홈 페 이 지	www.sdedu.co.kr

I S B N	979-11-383-0864-9[13000]
정 가	10,000원

시대인은 종합교육그룹 (주)시대고시기획 · 시대교육의 단행본 브랜드입니다.